# 在塗鴉中發現自己

董謝小華 著

**源心繪 —— 在塗鴉中發現自己**
作者／董謝小華
總編輯／馬鎮梅
責任編輯／伍詠慈
美術設計／劉碧雲
出版發行／突破出版社
香港沙田亞公角山路33號突破青年村
電話：2632 0000　傳真：2632 0388
電郵：breakthrough@breakthrough.org.hk
網址：http://www.breakthrough.org.hk
http://www.btproduct.com
承印／陽光印刷製本廠
2009年3月初版1刷
版權所有 © 2009 突破有限公司

Non-Mimetic Drawing: Self Revelation via Scribbling
by Florie Tse Siu Wah
First Printing, First Edition, March 2009
Copyright © 2009 by Breakthrough Ltd.
All Rights Reserved
ISBN 978-962-8996-28-5

本書經文取自《新標點和合本》，版權為香港聖經公會所有，承蒙允准採用，特此鳴謝。

誠邀閣下就突破出版社的書籍發表意見。請登上www.btproduct.com/book，在「讀者回應卡」頁面內填寫。謝謝。

# 栽培新一代

年輕的心 驛動卻美麗

認識 貼近

關愛 同行

建造新一代更動人的生命

# 目錄

## 下篇

## 序一

1968 年，我開始在中學任教，雖然最吃重的是中國語文和歷史兩科，但我最享受和最富挑戰的卻是美術科。當時所謂美術室，除了一疊白畫紙，便只有廣告顏料和畫筆，其他一無所有。

1988 年，我懷着無限依戀，離開這個經過二十年艱苦經營，可能已經是當時全港中學面積最大、設備最齊全的美術教室。二十年來的一切不虞之譽，求全之毀，我已無復記憶。教我最不能忘懷的，反而是多年來，一班又一班對母校美術科、美術室、以至美術學會付出了許多時間和心力的同學。

這些同學畢業離校後，仍然從事美術行業，甚或美術教育工作的也着實不少。作為老師，得知有學生可以繼承薪火之傳，當然感到非常寬慰，而有在教學上能出類拔萃，自闢蹊徑的，就更使我喜不自勝。小華正是其中一位。

小華從事美術教育工作十七年，累積多年教學經驗，寫成了本書。

「源心繪」的教學理念，源自 Betty Edwards 在 1979 年所提出的 Analog Drawing。Analog Drawing 是一種純粹表達性的繪畫，畫面上可以無須任何叫得出的主題，甚至只藉一些線條，就足以表達自己心中所想。這種所謂「線條語言」（language of line），不必經過嚴格的美術技巧訓練。手揮五絃，目送飛鴻，學生可以透過這種揮灑的繪畫，將存在於意識，語言無法表達的東西盡情傾泄，也提供了很有效的途徑以揭示潛意識。那些被忽略、隱藏或是無法透過語言思維模式傳遞的信息，通通得以解讀。從這方面來說，其對教育的深層意義就更非單純美術教學所能涵蓋了。

作為一個出版人，我衷心推薦《源心繪》，因為它是一本充滿作者熱誠和心血的作品；作為一個美術教育工作者，我誠意推薦《源心繪》，因為它是一種創意無限，值得推廣的教學方法；作為一個老師，我也樂於推薦《源心繪》，不為什麼，因為小華是我一個青出於藍的學生，在美術教育上，她完成了很多我沒能完成的工作。

**馬桂綿**

資深出版人

# 序二

唐代張彥遠《歷代名畫記》中記述了張璪的畫論，說畫家是「外師造化，中得心源」。畫家觀察大自然萬物，摒除世俗利害的考慮，把握萬象的本體和生命，即南朝宗炳所謂「澄懷味象」，經過主觀的陶鑄，化為胸中的意象。這胸中的意象，已不同於自然形態的物像。然後主觀和客觀意象相融，心手一致，創作成功的作品。藝術家要創造的，是作品上的另一種真實，它與真實的大自然世界不同。草木枯萎會變乾黑，但我們以水墨畫蘭竹時，卻仍然看到墨竹墨蘭都是生氣蓬勃的，這就是作品所塑造的另一種真實。

謝小華提倡的源心繪，是源自心靈的繪畫。這種繪畫方式，源自西方心理學家的視覺思維方法，是非具象性繪畫，不模仿任何事物，亦不包含事物特徵的圖像式塗鴉。線條隨感觀直接投射而移動，不假思索地將內心的感受活現於紙上。繪畫者解說自己的作品，許多時有驚喜的發現，解開甚至不為己知的心結。這種透視潛意識的方法，早被採用於分析不擅語言表達的幼童心思，亦被採用於藝術治療中。

西方繪畫的發展史，從中古時代為宗教和政治服務，到十九世紀印象主義興起時，轉移捕捉物體色彩瞬間的變化，光就能變化物體的形狀和色彩，可表現個人的感情，創造迷人的氣氛，陽光已取代了神的地位。可是，兩次世界大戰對歐洲文化的摧殘，使人對宗教、政治、甚至人性、理性都發生基本的信仰動搖。西方畫壇，就產生了波濤洶湧的藝術思潮，以一浪推倒一浪的形式出現。許多畫派，如虛無的達達主義、超現實主義、杜桑的反藝術主義、波洛克的行動繪畫、抽象表現主義、新寫實主義等等，五花百門，推陳出新，不外是藝術家表達思想所採用的不同詞彙。從根本意義上，具象和抽象繪畫，並無分別。藝術家為求達到自我表述的目的，可不擇手段地運用最適當的手法，具象或抽象繪畫，最終都要靠可見的造型來傳遞信息。如果文字更能表達畫家的感受，他不會繪畫。如果藝術家認為有另一種媒介，更適合表達他的感受的話，他可能寫詩、作曲或跳舞。各種藝術語言的存在，都是人類表達精神世界的語言。

預期源心繪的下一步發展，將會是建立積極的人生觀和鍛煉繪畫技法兩個方向，這是踏入藝術創作的立意和修辭功夫，也是我的期望。

**曾柱昭**

前香港藝術館總館長

# 序三

香港教育學院於2007年舉辦一個特別講座，邀請曾經獲得行政長官卓越教學獎的得獎者為主講嘉賓，請他們向教院師生分享教學心得和教學理念。在這次講座，我被其中一位主講嘉賓深深的吸引着——她就是謝小華老師。謝老師的演講非常精彩，她介紹如何將源心繪引入課堂教學，透過源心繪活動，讓學生了解自我表現、面對自我表現、表達自我、甚至願意向他人揭露真我。源心繪彷彿是一種藝術治療的過程。另一方面，透過源心繪的練習，學生能尋找「共通直覺」——共通直覺將繪畫者與觀賞者連在一起。源心繪於是變成了一種人際溝通的媒介。謝老師席間扼要地剖析源心繪的理論，介紹她將理論付諸實踐的過程，並分享同學的繪畫作品以及他們的反思紀錄。聽君一席話，覺得她獲得行政長官卓越教學獎的確實至名歸。

我鼓勵她將這些心得編寫成書。很高興，她不負所望，經過一年多的努力，完成了專著，並獲得突破出版社的支持，發行出版。本書展示了謝老師藝術教育的造詣，以及她將理論、應用與實踐融會貫通的功力。她的表現，同時展示了香港新一代教育工作者如何將教學方法推陳出新，為我們的未來教育帶來希望。我們應該慶幸香港產生了這樣的老師，也應該為謝老師的成就感到驕傲！

李榮安

香港教育學院首席副校長

# 獻辭

謹以此書獻給

賜源心繪恩賜給世人的上帝、

跟我走過十三載婚姻的丈夫

家倫

在我撰寫源心繪時

對我不斷支持和鼓勵、從不埋怨

對子女照顧無微不至、愛護有加

與及

特別為我進行源心繪故事分享的一對寶貝

子翹和聆聆

本書發展自筆者於2005年在香港中文大學教育碩士的研究報告（Med project）——〈非具象性繪畫在自我探索所扮演的角色〉（The Role of Non-Mimetic Drawing in Self Exploration, 2005）。在此謹多謝研究報告的指導老師黃蘊智教授，在筆者探索及研究期間，提供寶貴的意見及教導，啟發思考並引導筆者循正確的方向探索。

# 上篇

# 第一章
# 用畫說話

提到自我表現及溝通，對大部分同種族的人而言，語言必然是最普遍的途徑和媒介，此外，某些羣體會以點字、手語或密碼去溝通。然而，還有一些天賦的國際語言，被人遺忘而有待發展，那就是音樂和藝術！

## 源起

筆者十多年前接觸加州州立大學藝術系教授愛德華（Betty Edwards）的「類比畫」（Analog Drawing），它是一種潛意識及完全自由的繪畫方式，並不要求繪畫什麼物像，不過藉着手之所繪，類推心之所想。

在追查下，筆者得悉這種類比畫的概念，植根於著名感觀心理學家安海姆（Rudolf Arnheim）的《視覺思維》（*Visual Thinking*），他才是這種繪畫方法的先驅者。這畫法是一種非具象性繪畫，不模仿任何事物、不包含事物特徵的圖像式塗鴉。一般人慣於使用符號如「+」或「♡」作為表達，非具象性繪畫則避免描述事物或符號，是抽象的純視覺圖形，以純粹線條作為表達語言，類比內心的情緒，可以表達內心世界。

## 我的第一次

因為筆者所受的專業藝術訓練，讀者可能會誤會，類比畫於筆者而言，必定是耳熟能詳的事情。從幼稚園塗鴉、中學美術課、大學藝術系本科課程、教育文憑視覺藝術課程，筆者從沒有接觸過類比畫。所以，當首次嘗試時，感到很陌生。創作的材料是熟悉的，藝術創作更是自幼稚園至今，從未斷絕過的事情。可是以往的藝術訓練，什麼基礎視覺語言和設計元素的知識，反而築起堅固的藝術框框，未能放開懷抱嘗試類比畫。期間，筆者一直盤算如何達致美的構圖。不由自主地思考線條、物件的「應有既定」特性為何（what should it be ?），難以脱離既定的框架，諸般的掙扎，如今還歷歷在目！

最後，只好放開懷抱，暫時將以往所受的藝術訓練，拋諸腦後。以玩遊戲的心情，嘗試類比畫。油粉彩在一個沒有既定規矩、必須依循的安全環境，隨着心之所想，任憑無邊的幻想掌舵，感覺猶如重新成為幼稚園生，馳騁於仿似無際的白紙上，隨心而繪。原來沒有框框的藝術之旅，所觀賞到的景色，另有一番滋味！油粉彩與腦海仿似接駁上，感受直接傳至執筆的手，呈現眼前的，是名副其實、不經任何過濾的「腦圖」（mind map）。源心繪和一般藝術創作不同，它是不須苦思的情感輸出。

②

③

①

筆者第一次繪畫時，引導我繪畫的問題是：「過去、現在、將來」。

❶ **過去**：腦海中頓時出現一堆黑暗、深沉、混亂、纏繞、無方向、無目標、解不開的結。這些結是過去的重擔、經歷的挑戰、困難和成長，期間的生活，如纏繞及無方向的亂線。
深沉的黑色，代表過去的生活，是人生的低谷，陷在黑暗的抑鬱和困難的處境中。

❷ **現在**：是脫胎換骨的紅色，邁向光明。一系列的漸變色代表經歷的過程，由陰沉的黑色過渡至燦爛的紅色，指向光明的方向。
由黑暗轉變為燦爛的紅色。源於某次退修日，一位牧師為我祝福禱告，我心中陰暗盡消，肯定上帝的帶領；流暢、粗壯而肯定的紅色，代表堅定的信心，亦寓意心中的喜樂，感到上帝在我身旁，也得到不少朋友扶持。
邁向光明，指學習過程感到上帝不斷恩待，例如修讀碩士課程時研究源心繪的自我探索功能，畢業時獲列入教育學院院長榮譽錄；繼而在 2007 年獲頒授行政長官卓越教學獎，是個光榮的標記。

❸ **將來**：黃金指環代表相信上帝為我預備的獎賞。
雖然面對不少挑戰，但我相信將來是個榮美的盼望。深信今天的勞苦並不徒然，因有上帝為我預備的獎賞。圓形，令我聯想指環，象徵獎賞的形狀。金黃色，寓意獎賞的恆久和不朽。

* 彩圖見小摺頁

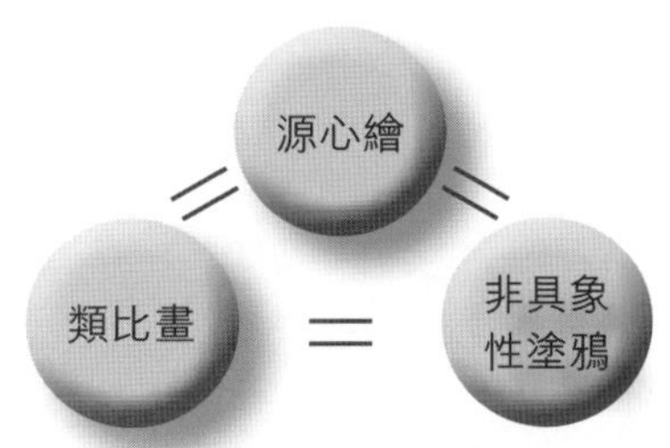


筆者將這種非具象性繪畫的塗鴉，命名為源心繪；顧名思義，即源自心靈的繪畫，並將愛德華的「類比畫」作為源心繪的序曲，是繪畫源心繪前的先修課程。

## 遊戲源心繪

「心中對藝術有無形的懼怕，我才不敢繪畫！」

「自小學畢業之後，我再沒有接觸任何藝術創作，我真的可以繪畫源心繪嗎？」

「一直以來，老師都説我沒有藝術天分，提起藝術，總有童年陰影，像是揮之不去似的，我怎樣可以繪畫源心繪？」

以上都是一些朋友，於繪畫源心繪前心裏的困惑。

### 一．人皆能之

筆者將源心繪應用於藝術教學，最初是在初中的視覺藝術課和學生「試玩」源心繪。以往的視覺藝術課，老師通常會教授一些既定的課程，如基本的視覺元素或設計原理。讀者可以想像，當老師告訴同學，要寓學習於娛樂，同學對於這種隨心而繪的方法，感到沒有擔子很自由，很輕鬆！

源心繪的遊戲規則只有三條：

- **抽象** 抽象的繪畫，不可以呈現一些具體的物像，所以，源心繪不囿於寫實的一切要求，是完全無拘無束的遊戲。
- **不可抄襲** 描繪的對象，不可抄襲或模仿真實世界的任何物像，讓參與者暫時抽離於眼前的世界。
- **不可相似** 由於所繪畫的形象，不可以和任何物像相似，所以，再沒有「似與不似」的評價。

由於源心繪沒有評分標準，對畫作沒有「應該」這樣、「應該」那樣的要求。同學憑藉個人真實的經驗和感覺，以能表達思想的圖形，記錄自己此時此刻（here and now）的所思和所感。

例如他們繪畫「憤怒」時，不是首先思考「憤怒」的特質，然後思考有關的視覺元素和設計原理，看看如何表達「憤怒」；倒要忘記任何藝術基礎，忘記學習，放開心情，盡情地「玩」。他們首先回憶過去一件最深刻、有關憤怒的事情。不單是回憶、更是深入事件，代入當時的角色，重新感受當時的情緒，直至從心感受「憤怒」的感覺。憑着這份感覺，直覺地以顏色和線條，將感覺「移印」到畫紙上。繪畫的過程，是自動化的表達。

上圖為不同年齡的人士，首次接觸源心繪，表達「憤怒」的感覺，他們的年齡，由 7 歲、10 歲至 40 多歲不等。

## 二·我哭了！

每逢筆者舉辦源心繪工作坊，都會邀請參與者介紹他們的作品。有一次筆者與一羣教育同工進行源心繪工作坊，會後有一位老師率先分享。她很激動地告訴我們，剛才她真的感到很驚慌。原來當她進入會場，看到座位上擺放了顏色及紙張，知道自己需要繪畫時，感到十分懼怕，很是擔心，因為自己不懂得繪畫，多年以來，缺乏經驗，對繪畫感到異常陌生，連重拾畫具也感到害怕。恐怕交不出作品，竟然情不自禁地哭起來！

當她知道源心繪原來是發自內心世界的繪畫，沒有標準答案，沒有對錯之分，畫的是自己的內心感受，甚至連小朋友也可以勝任。於是，她嘗試依循筆者的引導，學習源心繪，意想不到的是，繪畫之後心中感到很舒服！她詫異自己竟然可以流暢無阻地繪畫，以圖像表達內心世界，沒感到絲毫困難！她開懷地與我們分享，如何克服懼怕的心理，以真誠的心繪畫，過程中感到釋放，得以毫無阻隔地抒發自己的感受。

她很雀躍、開懷地向與會者分享畫中的兩個部分。

❶ **此時此地，你有什麼感覺？**
她說第一個感覺是很開心，左上角的線條代表很開心的感覺。在繪畫的過程中，最初是很驚慌、情不自禁地哭；然而，於正式下筆繪畫時，感到很開心、更發自內心笑起來。這種感覺很特別，使她投入繪畫。

❷ **人生是什麼？**
此時此刻，她以感恩概括自己的人生。跳躍的線條表示感謝上帝的祝福，因為上帝讓她有機會學習很多事物，給她充足的信心。她感到人生充滿祝福。

以往筆者舉辦的源心繪工作坊，參加者年齡由 7 歲至 60 多歲不等，由不擅繪畫者至藝術教師，由小、中、大學生、家長、教師及校長到就業的青少年。他們都能憑藉感知的本能，率性而繪，即使是初試啼聲，接觸源心繪後，也能夠運用自如。

## 源心繪與藝術治療

### 一．藝術治療

源心繪是藝術治療的一種嗎？不如讓我們先了解，何謂藝術治療？

根據美國藝術治療師協會（American Art Therapy Association，簡稱 AATA）之定義，藝術治療是將藝術作為一種非語言的表達與溝通工具，當中的理念包括：1. 藝術創作即是治療：透過創作過程，緩和情感上的衝突或困擾，提高當事人對事物的洞察力，達到情緒淨化的效果，有助自我認識和自我成長；2. 把心理狀態分析應用到藝術作品上，透過對作品產生的聯想，幫助當事人人格獲得重整。藝術治療所關心的是個人的內在經驗，所以治療的過程、方式、內容和聯想非常重要。

藝術治療中，當事人的繪畫，是治療師用以評斷病情的工具。治療師與當事人之間的互動，足以決定治療過程的成效。所以，彼此之間的關係、輔導或治療技巧，偏一不可，惟有良好的互動關係和熟練的輔導原則，才能達到有效的治療。

藝術治療適用於學習障礙者、情緒困擾者、語言障礙者、心智障礙者和一般的兒童。一般兒童可從藝術治療中，學習自我開放。當事人沒有年齡限制，只要能握筆繪圖即可。

## 二．藝術治療如何展示當事人的情況？

- **人和物像**　治療師研究當事人繪畫的人和物像，找出有發展與投射作用的理念，例如藉人物的呈現，探討當事人的人格特質、人際關係及同儕關係，透過物像尋索所象徵的當事人感受。
- **動力圖系列**　動力繪畫（Kinetic Drawing），要求展現人物間產生的動態現象，以了解當事人的家庭互動情況，又稱家庭動力繪畫。
- **人物動作**　畫中人物間關係，反映當事人的情緒。如打球的心理表徵意義可能是妒忌。
- **格局**　人物相對的大小、距離、人物相對面向、障礙物等，反映當事人與身邊人之間的關係。
- **繪畫構圖**　治療者會探索當事人在繪畫中物像的距離、空間的表現性、色彩效果等概念。例如精神異常的人士畫的圖，空間構成會較一般人的特異。

| 物像 | 象徵意義 |
|---|---|
| 太陽 | 象徵生命力或力量 |
| 房屋 | 象徵個人對環境的知覺及感受 |
| 人物 | 呈現個人的感受性、成熟性、柔軟性 |
| 樹 | 代表自我成長的過程 |
| 花 | 象徵活力、希望與生命。隱含當事人對生命的感受及感情，代表當事人能深入參與周遭的人、事、物 |
| 橋 | 聯繫與溝通的象徵 |

藝術治療是當事人透過創作自我表現（self-expression）的過程，一方面紓解、調整內在的情緒或困擾，另一方面藉繪畫透露出當事人的內在問題，以供治療師分析及探討，幫助當事人解決內在困擾。然而，藝術治療並非單就一兩張畫妄下結論，治療師須要謹慎蒐集相關資料，以求得到確實的診治信息。

## 三 · 源心繪與藝術治療之比較

雖然源心繪與藝術治療似是相近，兩者均是透過繪畫，作為了解心路歷程的媒介。然而，若將兩者進行比較，卻是天淵之別。現將重點歸納如下：

| 項目 | 源心繪 | 藝術治療 |
|---|---|---|
| **繪畫目的** | 自我發現的工具 | 評斷病情的工具 |
| **圖像** | 抽象、不含任何具體物像 | 具體物像 |
| **詮釋者** | 繪畫者 | 治療師 |
| **詮釋訓練** | 無須受訓，與生俱來的本能 | 須受專業訓練 |
| **詮釋繪畫意義** | 沒有既定的假設 | 有既定假設的系統 |

### 源心繪使繪畫者無從裝假

藝術治療有既定的詮釋系統，如繪畫者對該系統略知一二，便可以繪畫希望藝術治療師詮釋的圖像，而並非自己的真象。源心繪的特點，在於運用人類的共通直覺（詳見第三章），繪畫當時的即興反應，構成抽象、不含任何具體物像的圖像，是率性而繪的真性情表達，其中並不涉專門的圖像解碼及詮釋，所以繪畫者無從裝假。由於源心繪的詮釋者是繪畫者本人，所以，一定不會出現錯誤詮釋的情況。

此外，源心繪無須特定的專業訓練，使用者及受眾皆較藝術治療廣泛及普遍。所以，源心繪能普及使用。

## 線條練習

日常生活其實充滿藝術的氛圍。你對周遭事物組成的不同線條，如對角線、橫線、直線、曲線、平衡線、垂直線、尖角線等，有什麼感覺？請在相關空位，寫下圖中線條帶給你的感覺。

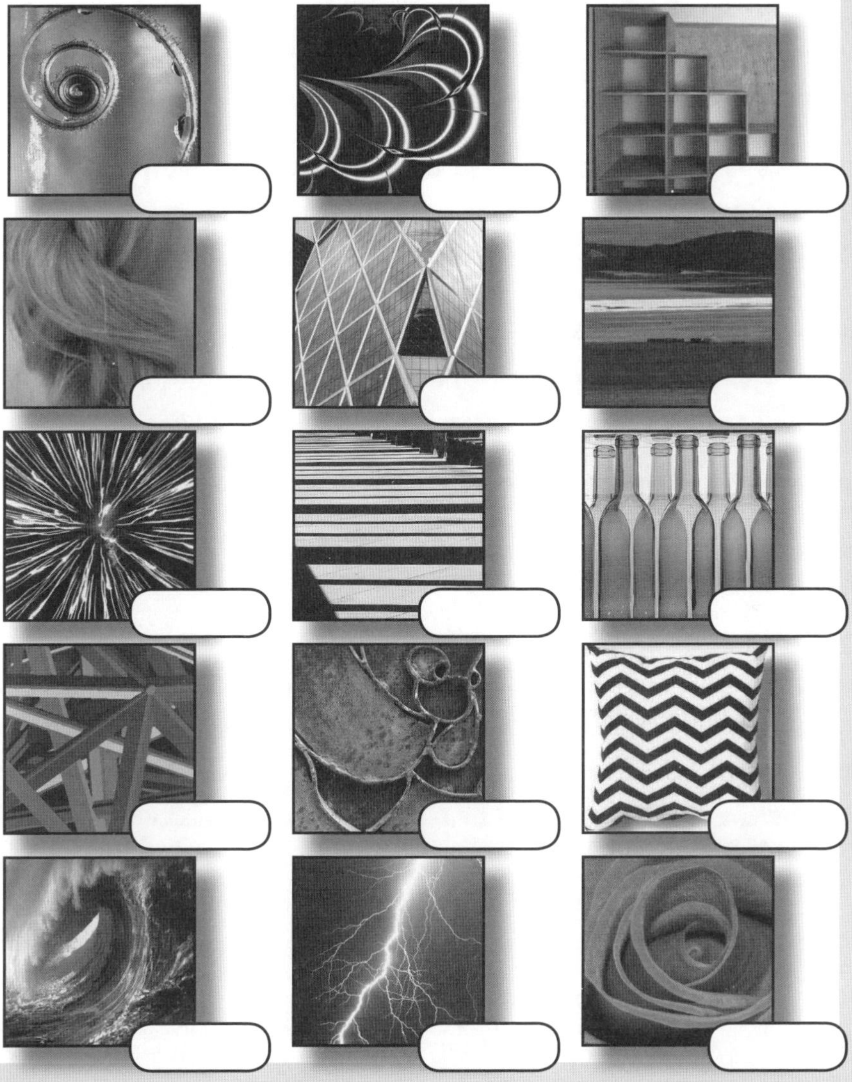

## 參考書目

Arnheim, R. (1997). *Art and Visual Perception: A Psychology of the Creative Eye.* London: University of California Press.

Arnheim, R. (1943). Gestalt and art. *The Journal of Aesthetics and Art Criticism,* 2(7), 71-75.

Arnheim, R. (1969/1974). *Visual Thinking.* London: University of California Press.

Bloomer, C. M. (1990). *Principles of Visual Perception.* London, UK: The Herbert Press.

Dewey, J. (1958). *Art As Experience.* New York: Capricorn Books.

Dryden, D. (2004). Memory, imagination, and the cognitive value of the arts. *Consciousness and Cognition,* 13(2), 254-267.

Edwards, B. (1979/2001). *The New Drawing on the Right Side of the Brain.* London: HarperCollins.

Eliot, T. S. (1957). *On Poets and Poetry.* New York: Farrar, Straus and Cudahy.

Feldman, E. B. (1972). *Varieties of Visual Experience.* New York: Abrams.

Langer, S. K. (1953/1959). *Feeling and Form: A Theory of Art Developed from Philosophy in a New Key.* London: Routledge & Kegan Paul Limited.

Langer, S. K. (1957). *Problems of Art – Ten Philosophical Lectures.* London: Routledge & Kegan Paul Limited.

Mandler, J. M. (1998). Representation. In D. Kuhn, & R. S. Siegler (Eds.), *Handbook of Child Psychology: Vol. 2. Cognition, Perception, and Language* (5th ed.) (pp. 255-308). New York: John Wiley.

McClelland, J. L. (1995). Constructive memory and memory distortions: A parallel-distributed processing approach. In D. L. Schacter, J. T. Coyle, G. D. Fischbach, M.-M. Mesulam, & L. E. Sullivan (Eds.). *Memory Distortion: How Minds, Brains, and Societies Reconstruct the Past* (pp.69-90). Cambridge: Harvard University Press.

Orwell, G. (1949). *Nineteen Eighty-Four.* New York: Penguin Books.

Whitford, F. (1987). *Understanding Abstract Art.* London: Barrie & Jenkins.

The Quotations Page〔Online〕Available http://www.quotationspage.com/, August 28, 2008.

〈淺談藝術治療在兒童輔導的應用〉(互聯網資料) http://www.aerc.nhcue.edu.tw/paper/%A4%FD-%C3%C0%B3N%AAv%C0%F8.htm, August 3, 2008.

# 第二章
# 線條與色彩的心情

## 情為何物？

情緒是什麼？情緒是自然的，是人類對內在（例如個人的渴望、期待、想像、回憶、生理變化或生病）或外在環境（包括周遭的人事物等）的轉變或刺激，身心相應而生的反應。情緒是一種複雜的心理歷程，涵蓋範圍包括生理反應、心理反應、認知反應和行為反應，各範圍得到平衡，才能達致身心健康。

人類各種情緒，大致可概括為下列四類反應：

| | |
|---|---|
| **生理反應** | 經驗某種情緒時產生的生理變化。<br>如：心跳加速、呼吸急促、肌肉繃緊、血管收縮 / 擴張、內分泌改變。 |
| **心理反應** | 受刺激時產生主觀的心理感受。<br>如：平和、緊張、興奮、憎恨、厭惡、妒忌。 |
| **認知反應** | 對引發情緒之刺激所作的解釋和判斷。<br>如：受他人注視時，可能覺得別人不喜歡自己而感不安 / 受他人喜歡而愉快。 |
| **行為反應** | 因情緒而表現的外顯行為，包括語言與非語言。<br><br>語言表達如：<br>「我煩死了！」<br>「我很生氣！」<br>「我很緊張！」<br>「我很快樂！」<br>「我很心急！」<br><br>非語言表達如：咆哮、尖叫、亂跳、笑逐顏開、眉頭深鎖、坐立不安。 |

情緒是一種信息，在日常生活中扮演重要的角色，與生理反應有緊密的關係，是感官的體驗，影響思想與行為的重要因素。當我們受不同刺激，生理上會產生不同的變化、不同的感覺和情緒，如下圖：

| 刺激（外在 / 內在） | 生理變化 | 感覺、情緒 |
|---|---|---|
| 生病（內在） | 心跳、呼吸減慢 | 生氣、厭煩或沮喪 |
| 幻想自己中獎（內在） | 心跳加速、血壓上升 | 興奮異常 |
| 被人謾罵、誤會（外在） | 心跳加速、血壓上升 | 生氣、敵意 |
| 遇見心儀對像（外在） | 心跳加速、血壓上升 | 雀躍 |
| 親友離世（外在） | 喉嚨哽塞、流淚 | 憂傷、孤寂 |
| 寂靜、漆黑的街道（外在） | 四肢僵硬、呼吸短促 | 害怕、擔心 |
| 柔和、抒情的音樂（外在） | 心跳、呼吸減慢 | 舒服、輕鬆 |

## 人之恆情

筆者將愛德華的類比畫習作改編為源心繪的序曲。源心繪序曲是學習源心繪的一個準備過程，學習描繪不同的情緒，繪畫者事前無須接受任何視覺藝術的訓練。

繪畫源心繪是不用模仿任何具體的圖像或符號，繪畫者只要就想表達的情緒，在腦海中搜索以往的經歷，重新經歷當時的情緒，以不同的線條素質（如快慢、明暗、光滑、粗糙、流暢或斷續），表達不同的情緒或感覺（如憤怒、喜樂、寂寞、平安、女性化、強而有力、抑鬱及疾病）。

線條的不同素質示例

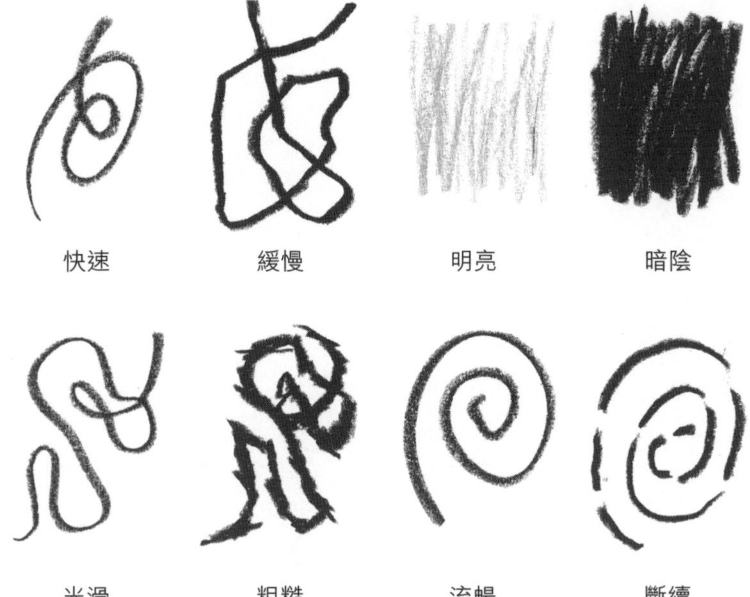

## 一・憤怒

憤怒是一種很普遍的情感，亦是最困擾人的強烈情緒。

背負憤怒，猶如搬運石頭，擔子沉重，難以放下。憤怒失控的時候，一觸即發，易與他人爭執、互相攻擊和踐踏，造成人際關係崩潰。誠如著名樂隊 Beyond 在《我是憤怒》的歌詞中指出「我是憤怒，分分鐘可燒死你……只想吞千噸的怒火……」

從缺乏關注、不被接納、蒙羞、被操縱、被出賣、嫌惡、不公平的待遇、仇恨、逆境、挫敗，導致委屈、敵意到憎恨，不少暴力行為和罪行的源頭，都是心中的怒火。沒有發泄的憤怒，令人變得情緒低落、焦慮不安或自我傷害。

醫學研究證明，憤怒時心跳加速，血壓上升，所以人憤怒時心臟運作變差，心肌出現局部貧血及缺氧。憤怒與生俱來的生理反應還有：兩顎緊合、面紅耳熱、心跳加速、呼吸加速、血壓上升、肌肉僵硬、皺眉、沉下臉、磨牙、瞪視、握緊拳頭、戰慄、震驚等。

- 「憤怒」的線條複雜、無秩序、無方向，以直線、重疊的線條為主，也有呈犬齒狀、尖銳及形成爆炸的感覺。
  - 線條複雜，給人被操縱、與人爭執、敵意、憎恨、失控、攻擊、不被接納、厭惡、焦慮不安或自我傷害的感覺
  - 無秩序的線條給人不舒服的感覺
  - 無方向的線條給人缺乏關注、麻木的感覺
  - 尖銳和犬齒狀感覺刺人和傷害人
  - 爆炸圖形給人崩潰、暴力行為和罪行的感覺
  - 直線和重疊為主的線條，給人肌肉僵硬、握緊拳頭的感覺
- 高彩度的線條通常給人震驚、剛烈的感覺。
- 暖色調的顏色，以紅色為例，給人火燒、怒氣衝天、面紅耳赤、心跳、呼吸加速、血壓上升、情緒激動的感覺。
- 深色、具重量感的線條，給人沉下臉、重擔、踐踏的感覺。

## 二．喜樂

科學家研究「喜樂」的生理反應時，發現大腦會分泌一種快樂荷爾蒙，名為安多芬（Endorphin），這種天然的安非他命，令心跳加速，令人感到舒暢和輕鬆，還產生戀愛時心如鹿撞的感覺。這種感覺會令人上癮，是一種極具能量的推動力，令人樂此不疲地繼續追求更多。

### 快樂測試

以下句子可以描述快樂的狀況：

- 我感到難以置信地極為高興
- 我覺得將來充滿希望
- 對於生命中的每一件事情，我感到十分滿意
- 我覺得自己主宰生命中的每一件事情
- 我為自己感到高興
- 我熱愛生命
- 醒來的時候，我經常感到精力充沛
- 我有無窮的活力
- 對我來說，世界是美麗的
- 我感到欣喜若狂
- 所有過去的事情令我極度快樂
- 我經常在興高采烈的狀態中
- 我是他人的開心果
- 我的生命富有意義及目的
- 我經常全情投入
- 我經常笑

資料來源：譯自 The Oxford Happiness Inventory（Michael Argyle, 2001）

- 「喜樂」的線條是不規則、輕柔的、彎腰似的、偏向圓形及呈 S 形。線條呈現跳躍的感覺，有向上和富韻律的動感。
    - 線條不規則，令人感覺靈活
    - 輕柔的線條，給人輕鬆和滿意的感覺
    - 線條彎腰似的、偏向圓形、S 形，給人活水泉源和江河湧流的感覺
    - 跳躍的線條，給人活力和精力充沛的感覺
    - 線條向上，給人如釋重負、充滿希望、輕鬆的感覺
    - 富韻律和富動感的線條，給人滿足、跳躍、得意和興奮的感覺
- 暖色調為主，以橙黃及熒光粉紅色（shocking pink）為例，給人歡笑、吸引、生命富有意義、活力、美麗、高興、光明、充滿希望、精力充沛、熱情、溫暖感、笑容滿面、手舞足蹈和興高采烈的感覺。

## 三．寂寞

寂寞是什麼？

寂寞來自心靈空虛及被孤立的強烈感覺，這種感覺很難受和可怕。寂寞不只是希望找到陪伴，或想和其他人在一起；更是感到獨個兒如置身荒島，所有人和事都疏遠你，全世界一片空白、一無所有。寂寞是一種被孤立、無人作伴和無人傾訴的不愉快感受。孤獨的人，經常感到內心空虛、與世界分離或被孤立。寂寞是一種若有所失、內心需要不能被滿足的淒涼感。

寂寞不等於孤獨，寂寞是無人能理解自己。最想找的人不在旁、最了解自己的未能經常聯繫、最想傾訴的對象無暇陪伴，心靈的痛苦莫過於此。而身邊人不一定是知心，了解自己的想法、意念。未能分擔的寂寞更是絕對的寂寞，現代人認為沒有人真的了解自己，為了保護自己，難以開放；這種無人分享喜怒哀樂的失落感，不能靠現代通訊科技輕易改善。所以現代人惟有以冷漠的外表來保護自己，掩飾自己的寂寞。

不少古今中外的藝術作品，均以「寂寞」為題，引起萬千共鳴。以流行歌曲為例，讀者可從歌詞中窺探寂寞的一點意義。例如陶喆的《寂寞的季節》表達黑暗、絕望的感覺。劉德華的《永遠寂寞》:「熱鬧的深夜一個歸家」（熱鬧和寂寞的強烈對比），「熟睡的天地得我一個」（孤獨），「永遠寂寞真想放棄」（漫長、脆弱、放棄），「躲開這世界」（孤立）。

又如台灣作家白先勇的著名小說《寂寞的十七歲》，道盡一顆寂寞的心：「有時我打給魏伯，他是我們班長，坐在我後面，在南光裏只有他對我好。其實他家裏沒有電話，我是在瞎鬧……你說叫我跟誰去說話，只有跟自己瞎聊了。不要笑話我，我跟我自己真的說得有滋有味呢。」小說中寂寞的主角，被社會視為失敗者的男學生。他在家中不受重視；在學校內，被老師與同學唾棄。他沒有朋友，於是給自己打電話，給自己寫信，白先勇將少年的寂寞寫得淋漓盡致，是種了無方向、一無所有的感覺。

- 「寂寞」的筆觸聚焦於邊緣，留下不少空間，給人孤立、孤獨、閃躲、身處邊沿和瑟縮一角的感覺。線條指向同一方向，沒有焦點，予人迷失、無生命氣息、無方向、無目標、虛幻、不實在、脆弱、放棄和一無所有的感覺。
- 冷色為主，以藍白為例，給人稀薄、寂靜、冰冷和冷清的感覺。
- 色彩對比強烈，給人傷痕和傷痛的感覺。
- 深色直線主導畫面，給人深沉、牢獄、黑洞、害怕、漫長、黑暗、難過和絕望的感覺。

## 四．平靜 / 和平

平靜的心是智慧的珍寶，它源於內心，是改變生活的巨大動力。這種動力使自己先放鬆心情，從而拓闊視野，改善人際關係、工作，甚至延年益壽。平靜的心可以陶冶心情、消除壓力，使生活變得充實，提高對生活的滿意度。

只有人生閱歷豐富、自控能力強的人，因為思想成熟，能夠參透世事，才可擁有平和的心態，進入平靜的境界，平靜安寧也是安頓心靈的重要能量。這種意識是經過不斷地思考，形成正確認知，認識到事情的因果關係，才能夠保持平靜的心態，不再浮躁、過分憂慮和悲傷。

平靜使人聯想到迷人的海景波濤、清新的海風和翱翔海鷗的聲音，可使人心曠神怡、放鬆心情。英國瓦立克大學（University of Warwick）的心理學家發現，海灘的氣味，的確可以紓緩嚴重抑鬱症患者的病情。

- 「平靜」的圖案變化較少，線條以橫向、輕微彎曲為主。線條傾向陰柔、安寧及平衡。線條多為墜落、重疊。
    - 橫向、安寧、輕微彎曲的線條，使人聯想到迷人的海景、天地、平原，平靜如鏡，給人平靜的心、身心和諧的境界、產生拓闊視野和陶冶心情的感覺
    - 陰柔的線條，給人和諧優美、放鬆心情、舒服、平和、融洽、性情溫和、沒有激情和不浮躁的感覺
    - 平衡的線條，給人平靜、和諧、平衡、消除壓力、沒有憂慮和沒有悲傷的感覺
    - 墜落、重疊的線條，給人安穩、安頓心靈和能量的感覺
- 鮮有對比的顏色，令人感到如大自然的韻律，舒服、和諧、心曠神怡、放鬆心情、安穩和知足。
- 呈現空間感，給人不受轄制和知足的感覺。

## 五．女性化

在討論女性化的特質之前，讓我們先了解性別的不同性徵。性徵是區別性別的特徵。第一性徵指與生俱來、鑒別性別的生殖器官，稱為主性徵。第二性徵指生殖器以外，性發育的外部表現；即兩性在外形如身材、體態、相貌、聲音等差異。第三性徵指傳統觀念中的性別定型（Gender Stereotypes），如髮式、服飾、姿勢及性格等。一般人對兩性的「適當」特性持有既定觀念，認為男子的氣質是剛強、女子的氣質是溫柔。

傳統兩性特質概覽表列如下：

| 男性化特質（Masculine Traits） | 女性化特質（Feminine Traits） |
| --- | --- |
| 大膽 | 易受驚 |
| 理性 | 感性 |
| 具領導能力 | 順服 |
| 個性堅強 | 柔弱 |
| 個人主義 | 羣體主義 |
| 野心勃勃 | 易理解別人 |
| 表明立場 | 言辭婉轉 |
| 粗魯武斷 | 溫柔 |

實際上，性格是不能兩極化的。女性不乏性情中人，男性亦有剛柔並濟的。著名心理學家貝姆（Sandra Bem, 1985）認為行為不應限制在「男性化」與「女性化」的觀念裏。雙性的（androgynous）概念，才是整全的自我發展，既堅持、獨立，也溫柔、敏感，兩性取長補短。在身體和精神心理方面，有均衡的健康發展，在解決問題時，反應會比較靈活。

- 「女性化」的線條是 S 形、曲線、輕柔。
    - 線條粗幼富於變化，仿似表達女性化的特質如輕柔的聲音、柔美的相貌、順服、被動、較易妥協及易理解別人
    - 以 S 形曲線為主，模仿女性的第二性徵，仿效其 S 形的優美身材及婀娜多姿、輕盈柔美的體態。S 形的曲線，也配合女性的特質，如優柔寡斷、溫柔、依賴、柔弱、談吐柔和及言辭婉轉等
- 強調顏色光暗對比強烈，形成和諧的韻律。夢幻般的浪漫暖色調，包括熒光粉紅色、桃紅和紫色，猶如花般綻放繽紛，這些浪漫驕豔的暖色組合，顯示了女性化的特質如感性、體貼、富同情心和善於表達感情，也使人聯想到女士嬌豔迷人的妝容。

## 六．強而有力 / 男性化

提起強而有力，很多人會有以下聯想：

| 強而有力 | | | |
|---|---|---|---|
| 抽象 | | | 具體 |
| 好鬥 | 堅挺 | 堅定不移 | 臂彎 |
| 強壯 | 重量 | 充滿朝氣 | 身形高大 |
| 動力 | 生命力 | 堅持到底 | 銅牆鐵壁 |
| 競爭 | 屹立如山 | 蓄勢待發 | 肌肉結實 |

以上對強而有力的聯想，是否有些似曾相識？是的，正好和上一節的女性化相反，和男性化的特質不謀而合，強而有力正是男性化的重要特質。下列男性化特質，可以豐富強而有力的聯想。

| 男性化 | |
|---|---|
| 説話大膽 | 直率 |
| 不善表達 | 理性 |
| 主動 | 激烈 |
| 武斷 | 粗心大意 |
| 善於分析 | 性格爽朗 |
| 野心勃勃 | 樂於冒險 |
| 支配慾強 | 個性堅強 |
| 自力更生 | 果斷 |
| 具領導能力 | 直接 |

- 「強而有力」的基本結構和形狀有幾種變化：呈現爆炸、三角形，強硬的直線形成放射式的效果、向上而混亂的形狀，少出現曲線。線條呈現剛強、粗悍、力度強、深色、對比強的感覺。
    - 爆炸的形狀，給人蓄勢待發、充滿幹勁、朝氣、生命力、精力充沛、精神奕奕、野心勃勃和樂於冒險的感覺
    - 三角形給人堅挺、屹立如山、競爭、好鬥和強勁的感覺
    - 強硬的直線，給人男性化、爽朗、理性、果斷、大膽、強壯、肌肉結實、銅牆鐵壁、堅定不移、有衝勁、有力和強健的感覺
    - 剛強、粗悍的直線，給人激烈、堅持到底、維護信念和支配慾強的感覺
    - 力度強、深色的直線，給人重量、直接、直率、個性堅強和個人主義的感覺
    - 放射式的直線，給人主動、立場鮮明、充滿力量、有潛力、強勢、震撼的影響力、權勢和威望的感覺
    - 較少曲線，給人不善表達感情的感覺
    - 向上而混亂的形狀，給人粗魯、武斷和粗心大意的感覺
- 對比強的顏色，給人明朗、震撼的影響力、有動力、強勢的感覺。

## 七．抑鬱

情緒低落，人皆有之。每個人都會經歷情緒低落的時候。抑鬱影響我們的行為、態度、興趣、動機、情緒、健康、技能、工作表現及人際關係；其影響可概括為四方面：情緒、思想、身體和行為。

| 情緒 | 思想 | 身體 | 行為 |
| --- | --- | --- | --- |
| 焦慮 | 內疚 | 頭痛 | 暴跳如雷 |
| 無助感 | 思考困難 | 呼吸急促 | 反應遲緩 |
| 絕望感 | 過分悲觀 | 腸胃失調 | 坐立不安 |
| 抑鬱 | 感覺無能 | 沒精打采 | 逃避人羣 |
| 過分緊張 | 自我批評 | 體重突變 | 工作效率下降 |
| 對一切失去興趣 | 有自殺傾向 | 睡眠障礙 | 不願參與活動 |

- 「抑鬱」的共通直覺是對比微弱、暗淡無光、無方向、無條理、無焦點。線條粗重而硬朗，形成下墜的姿態。對比微弱，給人疲倦、無助、無力、無能、效率差和無活力的感覺。
  - 無方向，給人漠不關心、悲觀和絕望的感覺
  - 無條理，給人煩躁、思想混亂、思考困難和難作決定的感覺
  - 無焦點，給人難以集中精神的感覺
  - 線條粗重而硬朗，給人莫名憤怒和暴跳如雷的感覺
  - 下降的線條，給人情緒低落的感覺
  - 下墜而橫向的一團亂線形成空間，聯繫「抑鬱」及「低沉」，感到想孤立、孤僻和逃避人羣的感覺。一團亂線，也有一種疼痛和過分緊張的感覺
- 顏色偏向深色冷調，令人感到悲觀、焦慮、抑鬱和絕望。

## 八・疾病

當你患病時，曾經出現以下感覺和反應嗎？

**具體**：頭痛、暈眩、流淚、傷痛、痛楚、食慾不振、渾身無力。

**抽象**：不安、苦悶、虛弱、憂慮、困擾、苦難、精神差。

- 「疾病」的隱藏結構微妙，並不明顯。
- 線條呈螺旋形、搖晃，產生混亂、暈眩、目眩、作嘔和作悶的感覺。使人感到不舒服、傷痛、苦難、痛苦、食慾不振和無法集中。
- 線條柔弱、輕柔，給人精神差、軟弱、渾身無力、力不從心、絕望、孤單、流淚、無助和灰暗的感覺。
- 對比弱，給人感覺如病中的遲鈍和麻痺。
- 顏色以陰沉為主，使人感到徬徨、困擾、憂慮、恐懼、不安和苦悶。

## 感覺練習

考考你！你能夠正確地理解下列源心繪的感覺嗎？請以線條連繫圖像及文字。

①

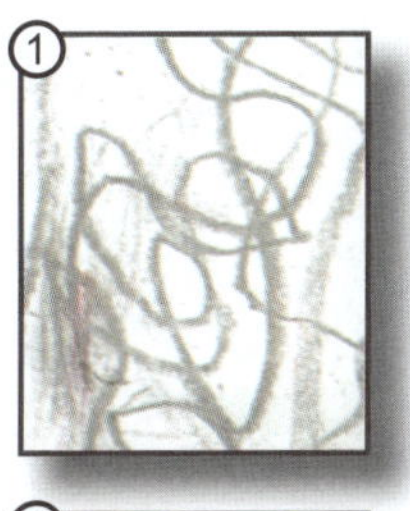

⑤

憤怒

喜樂

②

⑥

寂寞

平安

③

⑦

女性化

強而有力

抑鬱

④

⑧

疾病

答案：1疾病　2喜樂　3平安　4抑鬱　5女性化　6憤怒　7寂寞　8強而有力

# 第三章
# 共通直覺

## 藝術類比感情生活

記得一次筆者帶領親子工作坊，當時請參加者回憶曾發生的喜樂事情，隨即將當下的感受和所有細節，以顏色及線條表達。有一位大約是高小的學生，嘗試即興分析大家所繪畫的源心繪前奏。

這位小學生指出，畫面中黃、橙、紅等暖色為主的線條，代表開心。向外擴散的線條，代表爆發、活力和雀躍的感覺。捲曲螺旋的線條，代表高興得流連忘返。綠色及彩虹色彩，是喜歡大自然的快樂感覺。筆者被她全備的分析嚇呆，不得不稱讚她的分析猶如專家。憑藉天賦感觀的即興分析，她贏得全場熱烈的掌聲！

眾多工作坊的參與者，都有上述情況。為何每位與會者都可以在無任何源心繪知識背景下，自然地、即興地應用及詮釋源心繪？

## 一・藝術模仿感情

曾經聽過一個故事，有一位朋友很喜歡收聽米雪菲花（Michelle Pfeiffer）演唱的“My Funny Valentine”，享受音樂中的輕鬆慵懶浪漫。有一回，他重複播放着同一張唱片，他對這首曲子的感覺，驟然間從浪漫轉成憂傷和哀怨，這轉變竟然是發生在他擁有這張唱片的十多年後。他首次聽到這首曲調背後另一種隱藏深處的情緒，他懷疑這首樂曲，在驀然間勾起他潛意識裏某一段悲傷故事。

以上故事或許可以給我們一點啟示。

美國著名哲學家、符號論美學家蘭格（Susanne Langer）以純音樂為例，指出它是最「抽象」的藝術，卻蘊含豐富的感情來感動聽眾。「音樂是類比感情生活的聲音」（music is a tonal analogue of emotive life），音樂類比情感的功能，其感染力是語言無法取代的。最抽象的純音樂藝術，可以成為各種族均能明白的國際語言。

純音樂的基本元素為力度、速度、和聲、樂器、拍子、旋律和音色。這些不同的元素，組合成不同種類與特質的音樂，蘊含豐富的感情，能影響人的情緒。例如：結構與聲音質感（texture）較簡單、較少樂器的樂章，有紓緩緊張情緒之效；鋼琴獨奏、旋律走勢順暢與重複性較強的樂章，都有平靜聽眾情緒的功效；節奏、情感與音量變化較大的樂章，能使人情緒起伏、亢奮；加入流水或鳥聲等自然環境聲音，營造如河畔、田園等意境，其獨有氛圍，令人有放鬆心情的聯想，達舒緩、減壓之效。

蘭格把這理論推廣到整個藝術領域。藝術品的情感傳遞，猶如風的流動，觀賞者與作品所產生的共鳴，雖是摸不到、看不見，非筆墨言傳及分析，卻是千真萬確，並深深撼動人心的。蘭格認為藝術是一種表象，模仿情感的形式。所以，藝術的可貴在於其所涵蓋的思想、所引起的感情是真實的。現代舞猶如音樂，也是一種極抽象的呈現；或許，普羅大眾無法完全領悟作者要傳達的信息，卻可以直接透過表象，深入底層，感受藝術的震撼力。

然而，任何藝術作品，其效果不一定是固定或必然的。為什麼呢？因為一件作品，並非完成於其製成的時候，而是完成於觀賞者的合作、介入、參與和共鳴。哲學及心理學家李普斯（Theodor Lipps）稱，觀賞者投入藝術品的共鳴精神為「感情移入作用」(empathy)。觀賞者從作品中發現當中的感情要素，並將自己的情意與其同化。這種同化的傾向因人的氣質、遭遇、時間而異。原來，由於每個人的個性、喜好或生活經驗不盡相同，故此，感受作品時，各從不同的角度切入，受眾因而有不同的解讀與感觸。

## 二．源心繪的感情表達

蘭格指出藝術是人類情感的象徵表現形式（art is the creation of forms symbolic of human feeling）。

誠如純音樂一樣，源心繪雖沒有任何文字演繹，卻可以成為另一種國際語言，其基本元素為線條（line）、形狀（shape）、形體（form）、色彩（color）、質感（texture）和空間（space）等。繪畫中的線條和色彩，猶如樂章中的音符、拍子和旋律，於受眾的感官，有非常直接的影響。不同基本元素組成不同的圖形結構或樂章，可以向觀賞者傳遞人類各種情緒。

源心繪由不同的元素組合而成，給予觀賞者不同的感覺。例如：表達憤怒的線條是複雜、無秩序的，以直線、重疊的線條為主；具重量、犬齒狀、尖銳及形成爆炸的感覺。顏色以暖色、深色為主。表達喜樂的線條卻傾向不規則，是輕柔的、偏向圓形及呈 S 形；線條呈現跳躍的感覺，富韻律動感，以暖色調為主等。故此源心繪是繪畫者以顏色、線條、空間、筆觸「寫」出意念，猶如音樂家以音符、音色、節奏和聲量，組成純音樂的樂章，抒發感情，勾起受眾的不同情緒，引起共鳴。

## 源心繪與自我探險

源心繪如何表達內心世界？筆者主要透過研究安海姆及蘭格的理論，了解源心繪。其實源心繪的基本特徵，已足以作為傳情達意的工具，圖形結構可幫助觀賞者解讀繪畫者背後的抽象思維。而且源心繪的繪畫過程還有助繪畫者「自我探險」。

源心繪的基本組成部分，即其特徵，包括線條主導、抽象和純圖形。

### 一・源心繪的特徵

#### 線條主導

線條是表達情感的基本元素。內在的感覺，以不同線條的質素，如線條重量、粗幼、方向、疏密分布及動感的對比，形成線條主導的圖形結構，線條的方向、動感、移動，表達信息與情緒，傳情達意。

#### 抽象

有些高層次的概念，牽涉無法名狀的思想，這些思想，只有在抽象的圖像中才可能表達。原來抽象的圖形結構，讓觀賞者有想像的空間，引發他們的內心感受，產生嶄新的看法。反之，形象愈清晰，予以觀賞者的想像空間愈少。圖形結構含不可言傳的複雜性。它可以溝通感觀、潛意識和意識，將即興的思想、情緒、想像和感覺，化成具體的痕迹與線條，將不能言傳的思維、潛意識，帶到可以描述的意識層面。

人類若非刻意避免，會傾向以語言表達抽象思想、感觀的概念。然而人類有外在及內在的精神生活，前者可用語言表達，後者有關感覺的思想，複雜得不能靠言語傳達，有時只能描述一些特質，但也會不自覺地改變箇中意義。假如語言可以充足地表達一切，藝術便不會存在，事實上藝術足以表達感覺的本質。感受通常都沒有名字，只有最顯著的感受如「憤怒」或「恐懼」，我們統稱為「情緒」，有時文字未能歸納其中的感受；圖形結構卻可直接以視覺的形式，呈現生活中的主觀感受。

## 純粹視覺圖形

源心繪是結構簡單、純粹視覺的圖形。繪畫者繪畫時，線條隨內在感覺移動，以顏色、動感、形狀，展示現實生活、內心世界和感覺。

圖形結構是無須、亦不能教授的語言，是人類的共通直覺。純粹的、簡化的視覺圖形，稱為「完形」（configuration），可以啟示感觀、提供想像空間、盛載思想結構。這些思想，只能在抽象的世界發生。源心繪成為溝通抽象思維和具體圖形結構的渠道。

## 塗鴉是獨特表達形式

塗鴉是人類天賦的獨特表達和溝通感受的媒介，是不可替代的語言。人類自孩提時代開始，便以形狀、色彩作實驗，發現它是一種獨特的表達方法。其實每個孩童都是藝術家，問題在於成長後，如何維持其藝術修養。有些人遜於圖像想像，因為在成長期間，缺乏藝術方面適當的鼓勵、教導和友善的環境。

源心繪由被傳統理論所忽視、認為是「不重要」的原始塗鴉組成，在創作和觀賞的過程中，免除文字的過濾，直接觸動心靈。塗鴉雖然摒棄「現實」的外貌，卻能透過圖形結構、顏色、形狀和動感，展示真實的形象。

### 二・源心繪的過程

#### 回憶引發意念

源心繪繪畫的過程，以過去的經驗為依據，繪畫者的思緒重遊舊地，再經歷觸發情緒的場境，收集留在腦海中的影響和痕迹，尋找與經驗類同的圖形結構。畫筆隨感受移動，將經驗、思緒、感情融匯於圖形，有意義地重建於作品之內。在重建過程中，想像力扮演重要的角色，引發繪畫者的新意念。

#### 重新發現

源心繪是潛意識的繪畫。繪畫者免除理性的控制，任由畫筆在紙上自由移動。潛意識的本質，激發心理上被壓抑的隱藏概念。讓圖形結構反映生活真相，成為自我再發現的工具，從新的途徑認識自己。

## 源心繪的共通直覺

源心繪是盛載感覺的抽象動態圖形，繪畫者重整內在思想，抽取線條、顏色，作簡單、抽象的表達，成為意識可理解的概念，形成原創、具意義的圖形結構。圖形結構引發人的共通直覺（shared intuition），感觀心理學家稱為「概括」，即大眾對圖形結構的共同感覺。繪畫者與觀賞者，透過對圖形結構的共鳴，直接溝通。

## 一．共通直覺的運作

**繪畫者 ➪ 構成圖形 ➪ 共通直覺**

1. **重遊舊地**：繪畫者思緒重遊過去發生的情境。
2. **聯繫經歷**：聯繫過去的經驗，嘗試再經歷觸發情緒的場境。
3. **尋找經驗**：回憶對該情境的經驗，尋找合適的圖形結構，透過移動的手，繪畫相關痕迹。
4. **自動化繪畫**：讓潛意識自由發揮，以想像力將經驗化成圖形結構，表達內在概念，引發新意念。

**共通直覺 ➪ 圖形傳遞 ➪ 觀賞者**

5. **接收信號**：觀賞者透過感觀，腦袋接收信號。
6. **理解感覺**：圖形結構以視覺動感，表達繪畫者的內在感覺本質。
7. **觸動心靈**：抽象的圖形結構感應觀賞者內在相類經驗，直接觸動心靈。
8. **配對經驗**：觀賞者從經驗中配對痕迹，尋找和圖形相類的感覺。
9. **解讀密碼**：觀賞者解讀圖形結構，感受和明白。

## 二．共通直覺的特徵

1. **視覺概念**：將內在思想、感覺，轉化成可見的視覺形狀。
2. **感觀神經**：甦醒感觀神經，將視覺刺激與抽象概念聯繫。
3. **圖形結構**：有些抽象的概念，只能由圖像感應與表達。繪畫者提煉抽象概念與感覺，化成為可理解的形狀。圖形結構不再只是線條，而是自我發現的工具，直接投射抽象的概念及繪畫者對世界的感覺，以不同圖形代表不同情緒。
4. **共通直覺**：圖像模仿、默寫抽象的概念，成為可構通的共通直覺，展示觀賞者眼前。

5. **嶄新發現**：在過程中，繪畫者透過重整過去經歷中的熟悉元素，經驗自我發現的過程，創造原創、具意義的圖形結構。

為什麼會有共通直覺？為什麼某些色彩或圖形結構，能夠普遍地給予人們類似的感覺呢？李澤厚在《美學四講》一書，根據格式塔心理學，指出事物的「圖形結構」與人的生理、心理結構在大腦中引起相同的電脈衝，以致外在對象和內在情感協調，物我同一。這種反應是外在的日常經驗和內在自然融合，產生美的形式和審美的形式感，即是美的本質。我們將所見的物像，和腦海中所得到的印象結合，產生對「圖形結構」的理解，就是我們的共通直覺。

## 源心繪解碼

為什麼繪畫者的線條可以成為與觀賞者溝通的共通直覺？若要解構源心繪的共通直覺，必須先了解與源心繪關係密切的格式塔心理學。

### 一·格式塔理論

格式塔理論（Gestalt Theory）是與藝術有關的心理學理論，是現代西方心理學的主要流派之一，1912 年由三位德國心理學家韋特默（Max Wertheimer）、柯勒（Wolfgang Kohler）和考夫卡（Kurt Koffka）創立。

格式塔，音譯自德文 Gestalt，美學家朱光潛先生意譯為「完形」，所以又稱完形心理學，成為約定俗成的名字。「格式塔」意即「統一的或有意義的整體」（a unified or meaningful whole），其基本原則是「部分之總和不等於整體，整體不能分割，整體大於部分之和，由各部分所決定。反之，各部分也由整體所決定」。

理論的含義包括：

1. 格式塔／完形指形狀、形式或結構，即能動的整体（dynamic wholes），是指物體的性質；
2. 格式塔的概念即「整體」(the whole)：整合分離的各部分成為整體，即「完形」（configuration）。

## 二．感知與格式塔理論

感知（perception）是感官受外界刺激時，大腦接收到外界的感覺信息，進行組織和解釋，然後腦部對外界刺激產生的整體理解。在認知科學中，感知是一組程序，如下圖。與感覺不同，感知反映的是由對象的各樣屬性及關係構成的整體。

感知是……

## 羣化原則

有關感知的運作，可參考完形心理學家韋默特等人提出的羣化原則，或譯作組合原則（The Rule of Grouping）：

- **接近律（Law of Proximity）**：距離接近的物體通常會被歸納為一組
- **相似律（Law of Similarity）**：屬性類似的物體通常會被歸納為一組
- **連續律（Law of Good Continuation）**：感知會自動延續事物尚未呈現的部分
- **封閉律（Law of Closure）**：感知會自動擷取物體間具有「封閉暗示」的輪廓，具有封閉暗示的元素，容易被視為同一個組織
- **良好圖形律（Law of Pragnanz）**：事物的輪廓會被觀賞者感知的主觀想法修改

完形心理學的理論認為感知對於視覺圖像的認知，首先所關注的是整體，即完形，經過知覺系統組織及消化，如對距離接近、屬性類似、具有封閉暗示元素的物體歸納為一組、自動延續尚未呈現的部分、甚至按觀賞者的主觀意願、生活經驗而修改事物的輪廓。所以觀賞者所接收的視覺印象，是經過知覺系統修飾後的形態與輪廓；並非是純粹的、百分之百、原本的視覺影像，亦非純粹只是各獨立部分的集合；而感官接收的信息，整體更會反過來影響獨立部分。

且以下列例子作簡單的示例：

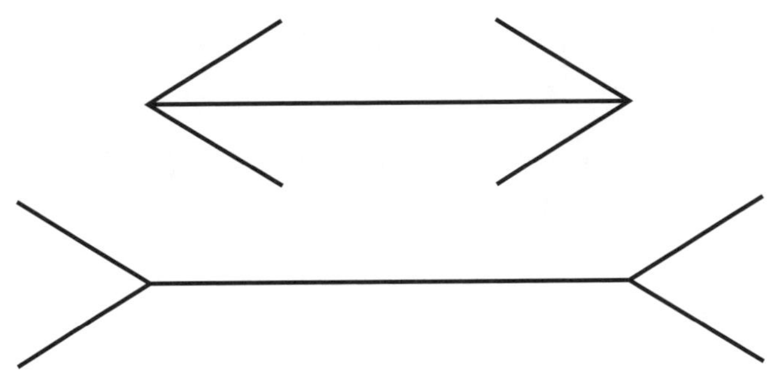

1. 這組圖形由十條直線組成，但當我們觀察時，不會將其拆散為十條直線來觀看。我們首先關注的是圖形的整體印象，即分成兩個綜合的圖形。我們對圖形的認識通常早於對局部（即十條直線）的認識。

2. 觀察時，我們會將近距離的物像羣化，即將最接近的五條直線，就是兩旁箭頭和中間的橫線視為一個羣組。

3. 我們觀察兩幅圖形中的橫線時，難以抽離兩旁箭頭的視覺影響。

4. 當我們嘗試比較兩條橫線的長度時，無法在視覺上，將它當作獨立的組成部分來比較。

5. 橫線和兩旁箭頭，成為牢固的整體印象，這個整體反過來會影響我們印象中的橫線長度概念。兩旁斜線所引導的方向會影響我們，修改對兩條橫線的長度印象。不知不覺間，我們賦予橫線「收縮」或「擴張」的意義。

6. 我們對十條直線的感知，和我們賦予它的意義，即一組是收縮（短）的，一組是擴張（長）的，有緊密的關係。

7. 所以，我們看見的並非是純粹百分之百、原本的視覺影像，而是經過知覺系統組織、消化及修改的視覺印象。

以上正是視覺信息在大腦運作的實例。當信息由感覺器官傳送至腦部，腦部隨即進行分析和整理，在整個過程中，完形心理在腦海產生，協助感知思維。信息在腦部經過整理及組織，形成知覺，信息組織正是知覺之本。人類的認知系統，是將原本各自獨立的局部信息，整合成一個整體概念。本來獨立的十條直線，經過腦部的分析和整理，整合成兩個整體圖形，結果我們認知到的是一個箭頭向外的箭嘴，及一個兩頭向外的叉子。

又以閱讀英文文章為例，我們看到的，是由 26 個英文字母組成的單字，再由單字間的文法結構，構成可被了解的完整文字，而非接收到一連串、各自獨立的長短符號與間隔的信息。同樣，在欣賞一幅圖畫時，觀察的是由不同濃淡、色彩、造形、輪廓和形式組成的完整圖像，並非彼此毫無關連的獨立元素。觀眾在欣賞動畫或電影時，所觀看的信息，是由連續的畫面與聲音等組成的敘事情節，而不是一連串各自獨立的停格片段。因此，知覺過程中最關鍵的工作，是將不同的信息整合，形成具意義的整體，這樣我們才得以接收並處理大量信息。

## 三．感知的特性

根據上述的組合原則，感知接收信息時的特性包括：整體性、恆常性、意義性、選擇性、知覺適應。

- **整體性**：整體的印象為先，觀賞者對於整體的認識，通常早於對局部的認識
- **恆常性**：縱使受不斷變化的刺激，所感知到的物體，仍會保持相當的穩定性
- **意義性**：觀賞者對事物的感知，和觀賞者賦予它的意義，有緊密的關係
- **選擇性**：觀察兩個圖形時，觀賞者的感覺，通常在兩者間徘徊及競爭
- **知覺適應**：受變化的刺激下，仍可以調整感知，返回原來狀態

感知對所見圖像的認知首先是整體性的。如果所感知到的事物有變化，感知會在變化的圖形間徘徊並競爭，然而，感官的知覺適應，幫助觀賞者調整觀感，返回原來狀態，聯繫穩定的意義。所以大致上，類似的圖像能夠給予人們普遍類似的感覺和意義。

再舉另一幅大家耳熟能詳的圖片為例，補充說明以上特性。

1. 你觀察到什麼圖形？一個花瓶？還是兩張側臉？
2. 不管我們首先看到的是什麼，觀看兩個圖形（一個花瓶或兩張側臉）的過程中，我們的感知會在兩者間徘徊及競爭。
3. 當我們專注黑色部分時，便會看見兩張側臉。
4. 當我們專注白色部分時，便會看見一個花瓶。
5. 隨着我們的專注重點不同，所看見的物像亦隨之而變化。
6. 但在兩者反復變化的刺激下，我們仍可以調整感知，返回原來所看見的狀態，或是花瓶，或是側臉。
7. 即使我們受不斷變化（徘徊於花瓶和側臉之間）的刺激，所感知到的物體，或是花瓶，或是側臉，仍能保持相當的穩定性。

當我們應用格式塔理論解釋源心繪運作時，觀賞者會把屬性、位置相近的線條，視為一組觀看。以左圖為例，若我們注視黑色部分時，便看見兩張側臉。若我們專注白色部分，便看見一個花瓶。無論所看見的是兩張側臉或是一個花瓶，均與我們經驗中曾經見過的側臉和花瓶的印象聯繫。我們首先得到的，是這一組圖整體上的第一印象。這第一印象，和我們過去的經驗相關聯，使我們不自覺地，賦予圖像相關的意義。所以，腦海中的思維，有助我們調整感知，和眼前的圖像緊密結合。所以，腦海中所得到的印象，能夠保持相當的穩定性。這些聯想的穩定性，便構成所謂的共通直覺。

## 色彩的表情

源心繪的另一組成部分 —— 顏色，如何引起繪畫者與觀賞者的共鳴？

人的視覺受大腦支配，色彩感覺是一種物理刺激作用，也是一種心理反映。色彩感覺信息的傳輸途徑是光源、彩色物體、眼睛和大腦；眼睛裏的視網膜，有感受光的視桿細胞和幾種辨別顏色的錐形感光細胞，這些細胞將感受到的光線轉譯為神經信號，而視網膜上神經節細胞的軸突，組成視神經，傳送到大腦，最後，由大腦的不同部分同時工作，綜合感覺、外界的刺激及知覺 ，產生對外環境的概念，各種感知應運而生。

**各種感知**

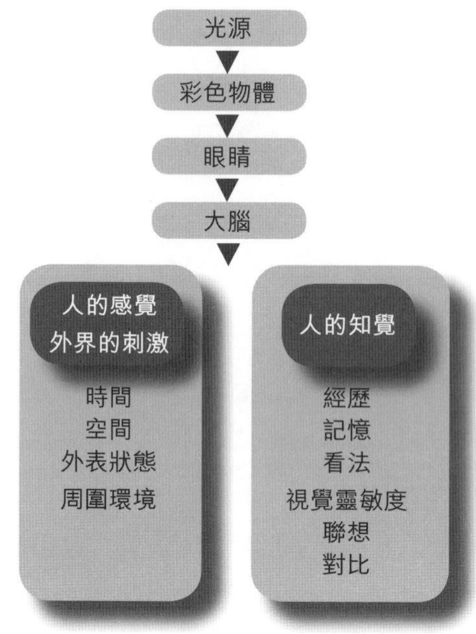


所以，色彩感覺不僅與物體本來的顏色特性有關，還受時間、空間、外表狀態以及該物體周圍環境的影響，同時更受各人的經歷、記憶力、看法和視覺靈敏度等各種因素影響。色彩的感覺，與人的感覺（外界的刺激）和人的知覺（記憶、聯想、對比……）聯繫在一起，包含色彩的心理和生理作用的反映，使人產生一系列的對比與聯想。

## 一．色彩與生理

色彩的溫度（即冷暖感覺）與其光波長短有關。光波長的色彩，如紅色、橙色、紅紫色、黃色，屬於暖色系列，能使觀賞者心跳加速、血壓升高及產生熱的感覺；光波短的色彩，如綠色、紫藍色、藍綠色、藍色，能使觀賞者心跳減慢、血壓降低及產生冷的感覺。

| 特性 | 暖色 | 冷色 |
|---|---|---|
| 波長 | 較長 | 較短 |
| 重量 | 較重 | 較輕 |
| 遠近 | 前進 | 後退 |
| 性格 | 積極、外向 | 消極、內向 |
| 感覺 | 溫馨、活力 | 冷靜、陰鬱 |

## 二．色彩與心理

視覺對色彩的心理感受源於對色彩的反應。觀賞者受色彩的色相（色彩的名稱）、彩度（色彩的純度）及明度（色彩的亮度）影響，產生冷暖、輕重、遠近、脹縮、動靜的亮度。先由視覺辨識色彩，把色彩和自己的氣質，包括個人生活中的經驗、喜好聯繫，形成對色彩的心理感受。這種將自己的直覺，融入色彩的客觀的特質，稱之為感情同化。當我們看到色彩時，會產生一種難以言傳的感覺或印象，即色彩意象。各種顏色有其獨特的表情和特徵個性，猶如人的性格特徵一樣複雜，能影響人的情緒，予人以甜、酸、苦、辣的味覺感。一般顏色的典型性格可歸納如下：

### 紅色

紅色視覺刺激強、高明度，容易引起注意，加快肌肉機能和血液循環。讓人有活躍、熱烈、有朝氣、衝動、強而有力、積極、熱誠、溫暖、生命力、跳動感、前進等涵義的形象與精神。在華人社會往往與吉祥、喜慶聯繫，成為節日的慶祝用色。紅色又使人聯想到恐怖的血腥氣味和火炮，常用作警告、危險、禁止、防火、滅火器、消防車等標示用色。

## 橙色

橙色兼有紅與黃的優點，明度高，是溫暖、歡樂、活潑、明亮、刺眼的光輝色彩，使人聯想到秋天豐碩的果實，是一種富足、快樂而幸福的顏色。橙本身富於營養，所以，橙色容易引起營養、甜蜜的聯想。橙色稍混入黑色或白色，會變成一種穩重、含蓄又明快的暖色，但混入較多黑色，就成為一種燒焦的顏色；橙色加入較多白色會帶來一種甜膩的感覺。橙色可作為喜慶和富貴的顏色，如皇宮裏的裝飾。

## 黃色

黃色是高貴的象徵，其熱情、燦爛、輝煌，如太陽般的光輝，象徵智慧之光；金色的光芒，象徵財富和權力。黃色是明亮和嬌美的顏色，有很強的光明感，使人感到明快、活力和純潔。幼嫩的植物往往呈淡黃色，有新生、單純、天真的聯想，還讓人想起極富營養的食物如蛋黃和奶油。但黃色又與病弱有關，植物的衰敗、枯萎與黃色相關聯。因此，黃色也會使人感到空虛、貧乏和不健康。

## 綠色

綠色具有藍色的沉靜和黃色的明朗，表現鬆弛、休息、健康、新鮮，象徵自然，具有平衡心境的作用，是一種休閒的顏色。傳達清爽、理想、希望、生長的意象。鮮艷的綠色是一種非常美麗、優雅的顏色，它生機勃勃，象徵生命。綠色與尚未成熟的果實顏色接近，引起酸與苦澀的味覺。深綠產生低沉、消極及冷漠感。

## 藍色

藍色具有冷靜、神祕、沉靜、沉穩、準確和理智的意象，與紅色相對應。藍色是博大的色彩，天空和大海等遼闊的景色都呈蔚藍色。藍色是永恆的象徵，它是最冷的色彩。純淨的藍色表現出一種美麗、文靜、理智、安詳與潔淨，易產生清澈、超脱、遠離世俗的感覺。深藍色會引起低沉、憂鬱、鬱悶、陌生感和孤獨感。藍色的用途很廣，可以安定情緒，也會用作醫院、衞生設備的裝飾顏色。

**紫色**

紫色有優美高雅、雍容華貴的氣度，具有強烈的女性化性格。含有紅的個性和藍的特徵。暗紫色會引起低沉、煩悶、神祕的感覺。

**褐色 / 棕色**

褐色通常用來表現原始材料的質感，如麻、木材、竹片或軟木等，或某些原料，又會聯想到：咖啡、茶或麥類的味感，也有用作強調古典優雅的格調。

**白色**

白色具有高級、科技的意象，純白色會帶給人寒冷、嚴峻的感覺。

**黑色**

黑色意味着冷靜、神祕、高貴、莊嚴、穩重、科技的意象。

**灰色**

灰色具有柔和、高雅的意象，屬於中間性格，男女皆能接受，灰色通常傳達高級、科技的形象。

**金屬色**

金、銀色如果運用得當，可以表現豪華的意象。

## 色彩練習

請選取九種顏色，表達春、夏、秋、冬的感覺，填在相關的格內，並在右欄，記下所選擇的顏色組合，帶給你的感覺。

<table>
<tr><td rowspan="3">春</td><td></td><td></td><td></td><td rowspan="3">感覺</td></tr>
<tr><td></td><td></td><td></td></tr>
<tr><td></td><td></td><td></td></tr>
<tr><td rowspan="3">夏</td><td></td><td></td><td></td><td rowspan="3">感覺</td></tr>
<tr><td></td><td></td><td></td></tr>
<tr><td></td><td></td><td></td></tr>
<tr><td rowspan="3">秋</td><td></td><td></td><td></td><td rowspan="3">感覺</td></tr>
<tr><td></td><td></td><td></td></tr>
<tr><td></td><td></td><td></td></tr>
<tr><td rowspan="3">冬</td><td></td><td></td><td></td><td rowspan="3">感覺</td></tr>
<tr><td></td><td></td><td></td></tr>
<tr><td></td><td></td><td></td></tr>
</table>

## 參考書目

Arnheim, R.（1997）. *Art and Visual Perception: A Psychology of the Creative Eye.* London: University of California Press.

Arnheim, R.（1943）. Gestalt and art. *The Journal of Aesthetics and Art Criticism,* 2（7）, 71-75.

Arnheim, R.（1969/1974）. *Visual Thinking.* London: University of California Press.

Bloomer, C. M.（1990）. *Principles of Visual Perception.* London: The Herbert Press.

Dryden, D.（2004）. Memory, imagination, and the cognitive value of the arts. *Consciousness and Cognition,* 13（2）. 254-267.

Eliot, T. S.（1957）. *On Poets and Poetry.* New York: Farrar, Straus and Cudahy.

Langer, S. K.（1953/1959）. *Feeling and Form: A Theory of Art Developed from Philosophy in a New Key.* London: Routledge & Kegan Paul Limited.

Langer, S. K.（1967/1970）. *Mind: An Essay on Human Feeling. Volume 1.* Baltimore: The Johns Hopkins Press.

Langer, S. K.（1957）. *Problems of Art – Ten Philosophical Lectures.* London: Routledge & Kegan Paul Limited.

Mandler, J. M.（1998）. Representation. In D. Kuhn, & R. S. Siegler, etc.（Eds.）, *Handbook of Child Psychology: Vol. 2. Cognition, Perception, and Language*（5th ed.）（pp. 255-308）. New York: John Wiley.

McClelland, J. L.（1995）. Constructive memory and memory distortions: A parallel-distributed processing approach. In D. L. Schacter, J. T. Coyle, G. D. Fischbach, M.-M. Mesulam, & L. E. Sullivan（Eds.）. *Memory Distortion: How Minds, Brains, and Societies Reconstruct the Past*（pp.69-90）. Cambridge: Harvard University Press.

Orwell, G.（1949）. *Nineteen Eighty-Four.* New York: Penguin Books.

李澤厚著（1989），《美學四講》。香港：三聯書店。

赫伯特．里德著、呂廷和譯（2007），《透過藝術的教育》。台北：藝術家出版社。

# 下篇

# 第四章
# 打開心窗

## 我是誰？

這是流行於古今中外，人類不斷尋究，卻又未能找到完美答案的一個課題。其弔詭性在於既想得悉答案，又怕知道真相。多少次向麻木、不顧他人感受的人真我流露，結果換來傷害、拒絕和出賣、甚至刻骨銘心的傷痕。經歷破壞性的傷害和痛苦，產生不安、焦慮和軟弱。心理和精神上的傷口，難以痊愈，於是建起圍牆來保護自己。

美國知名作家包約翰（John Powell）在《為什麼我不敢告訴你我是誰？》（*Why Am I Afraid to Tell You Who I Am?*）一書中的經典名句可以概括這矛盾：「我不敢告訴你我是誰，因為，如果我告訴了你我是誰，你可能會不喜歡這個誰，而這個誰，卻是我僅有的一切。」其實，假若我們有正面的自我形象和安全感，就不容易被傷害得那麼深。

心理學家朱拉德（Sidney Jourard）提出「自我揭露」一詞，我們需要與人分享，把自己的信息告訴其他人，才能維持精神健康和發展。在自我揭露與主觀幸福感之間，有雙向的因果關係。一個心理健康的人，才能夠自我揭露，過程中亦提升心理健康水平，學習面對和認識自己，而且能與人坦誠相處。

心理學家羅傑斯（Carl Rogers）指出，要透過孩提時代學習的角色和遊戲，才可以發現「真我」。我們和別人在互信和尊重的氣氛下，坦誠地分享真我、探索自己的期望和生命的歷程；當得到關愛而誠實的回應時，會開始拆卸圍牆，重新發現自己真正的感覺和價值、尋找真我，進而達到自我實現（self-actualization）。

自我實現出自馬斯洛（Abraham Maslow）的著名論文《人類動機論》（*A Theory of Human Motivation*），其中的需求層次理論（Hierarchy of Needs）指出，人類動機的發展和需要的滿足有密切關係，需要的層次有高低之別，最高層次為自我實現的需求。健全的個體，會追求最高層次的自我認識和自我實現。

## 心靈窗子

為何我們會對如此熟悉的自己感到陌生？莫非我們連自己也不了解？為何我們經常徘徊在想與人分享和隱藏自我的阡陌間，裹足不前？

美國心理學家勒夫（Joseph Luft）及英格拉姆（Harry Ingram）研究人

類個性時，發現人們有時想開放個性中的某些範疇，有時卻想將某些範疇保密；同時，有些事情是他人察覺到，而我們不自知的。他倆的名字合併，成為這個概念的名稱，稱為「祖哈里之窗」(Johari Window)。

「自我」是非常複雜的個體，可劃分成四個範圍，即四個「窗子」。每人均有其描述自我的窗子，包括：開放領域、盲目領域、未知領域和祕密領域。心靈窗子描述人際溝通與關係的模式，幫助人們自省、解難、發現、理解人際關係和改善溝通。

**祖哈里之窗**

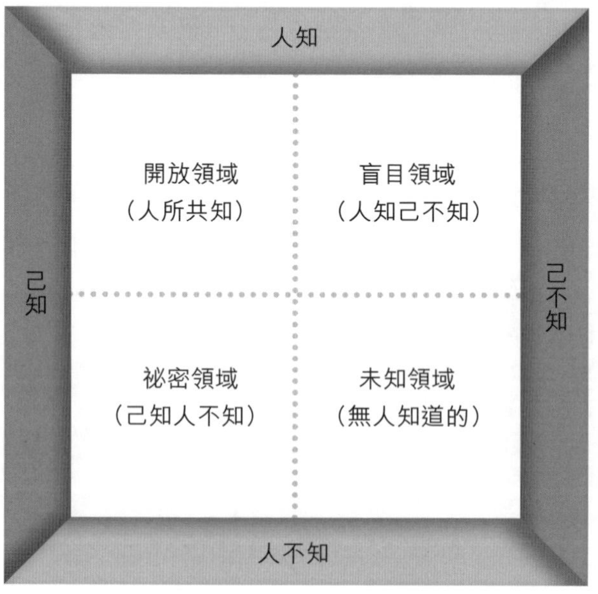


(圖解參考自：http://www.mindtools.com/CommSkll/JohariWindow.htm)

## 一・開放領域

開放領域包含人所共知的範疇，關於我們自己的事情，有些是公開的，或選擇性和他人分享的，例如：名字、興趣、地址等。除了事實性的資料，也包括感覺、行為、需要、渴望和所有描述「我是誰？」的資料。當朋友初相識，沒有交換太多資料，開放領域的範圍不會太大。隨着相處的時間漸增，範圍亦因而擴充。

## 二・盲目領域

盲目領域包含他人知道，但我不知的範疇，是別人看在眼裏，自己卻不知道的。可以是正面或負面的行為，會影響別人對我們的態度。例如今天你和我打招呼時，我沒有反應。可能因為你認為我沒有看見你、沒有禮貌、高傲、不喜歡你，或是彼此之間的關係出現問題。不同的猜疑會發展出不同的關係，甚至影響彼此的溝通。

## 三・未知領域

未知領域是無人（包括自己）知道的範疇，有部分的真我是自己和別人都不曾察覺的，可能是從未向他人展示的個性，或深藏於潛意識，不自覺地影響行為和思想。這些未知領域，可能會在新環境中表現出來，引發新的醒覺和個人成長。例如當筆者未成為老師之前，一直極度害羞，説話輕柔，羞於在公眾場合發表意見。但當老師的第一天，面對整整四十個學生，突然發現自己竟毫不費力，就能將聲線提高至前所未知的聲量，管理全班的秩序。

### 四．祕密領域

祕密領域包含想隱藏、視作個人祕密的真我範疇。例如我不告訴你，我的職業、最喜歡的生果是什麼？這些資訊便座落在祕密領域。隨後我告訴你：我是警察，喜歡吃榴槤，開放領域隨之擴展。隨着互信而獲得安全感，人會揭示更多自己的祕密，這個過程稱為「自我揭露」。

### 五．心靈窗子的應用

心靈窗子應用在自我揭露方面，鼓勵人擴大開放領域，使其他三個領域愈縮愈小。當人定期、誠實反思，在互信關愛的氣氛下，坦誠地探索生命的歷程，自我的圍牆會開始拆卸，願意開放的程度增加，四個範圍的分界線隨人際互動過程而推移，重新發現自己的價值和自我實現的潛能。

## 講故事

《聖經．創世記》：「耶和華上帝說：『那人獨居不好』」（2:18）

現代玄學派詩人多恩（John Donne）的名句亦指出：「沒有人是荒島。」

其實，最好的自我揭露途徑，莫過於向一個知己，訴說自己的故事。

包約翰於《為什麼我不敢告訴你我是誰？》指出，「我與別人有多少交流，我對自己的了解就有多少。」「因為告訴你我的想法，等於尋出了我自己的所在。」

人生怎能沒有故事？生命本身充滿傳奇，是悲歡交織、千變萬化、難以預測，由情節複雜的故事串聯；而每個故事，將生命的意義連繫。故此，若要了解我，就必要了解我的故事。

人本心理學強調自我揭露，即向人講述自己的故事，有助自己和別人的意識醒覺，明白內在的我和構成這個我的外在因素。講故事是個人成長的重要途徑，在生命不同階段，講述不同時段的故事，可以建立健康的個性。

## 一・揭示個人素質與角色定位

向人講故事有自我發現、自我揭露的功能，它有助講述者反思個人的素質、個性、價值觀、經驗和感觀，認知個人、經驗和世界之間的關係，對建構個人身分有更深的領悟。惟有經過自我揭露，對自己有真正的了解，明白自己而加以肯定，發揮自己的潛質，才可以不斷成長。

## 二・過去、現在、將來的演繹

記憶對於自我發現非常重要，透過與記憶裏的世界互動，塑造個人的身分。講故事是重拾記憶，發現過去經歷各種細節與個人發展之間的關係；生命的片段，容易流逝和淡忘，將這些片段重組，以故事形式講述，尋找當中的前因後果，作出適當的整理。講故事是一個轉化的動態過程：故事不單揭示「過去的我」如何塑造「現在的我」；另一方面，「現在」的新經歷，構成「我」觀察認識「過去」的新角度，以不同的角度詮釋個人的故事；更為「將來的我」開拓不同的可能性，了解自己有待改變的地方，開拓新的思維，為未來寫出新故事。

重整故事，可以減少對過去事情的過敏反應。透過講自己的故事，正視以往的傷痛，才不會繼續受其影響，活在回憶的陰影下。明白舊事已過，今天有權選擇用全新的態度面對，對過去予以接納、了解和肯定。

# 源心繪自傳

對一般人而言，講故事的媒介，不外乎語言。講自己的故事，即為自己編寫自傳。自傳是一面鏡子，反映一個整全的我。自傳的內容包括什麼？包約翰提出，要分析我是個怎樣的人，首先要知道我的：所想、所相信、所判斷、所感覺等等。

自傳（autobiography）指從出生到現在，所經歷種種事情的描述，客觀地描述自己的種種特質，也顯示作者願意與人分享的開放領域，是作者選擇和他人分享的自己。

撰寫自傳本無固定格式，可以透過文字、圖片、影片、舞蹈、音樂、藝術、建築等不同的方式演繹。不同的演繹，不但講出不同的故事，更產生新的故事。如前述，源心繪基於其顏色及塗鴉所組成的基本圖形結構，有利於繪畫者暢所欲言，描寫自己與眾不同的特質。所以源心繪應該可以作為多元演繹故事的其中一種方式。

我的特質

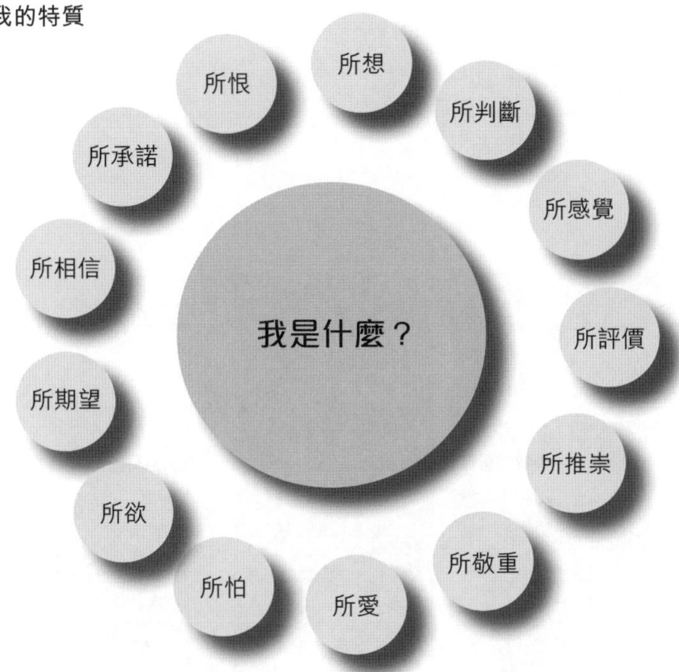


（資料來源：包約翰《為什麼我不敢告訴你我是誰？》）

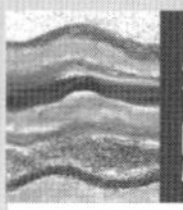


## 感覺練習

你現在的感覺如何？下列哪一張圖片，最能代表你當下的感覺？為什麼？試詳述。

# 第五章
# 源自心靈的繪畫

## 青少年期的需要

青少年準備踏進成人世界，在生理、心理、思想及行為上急劇發展；青少年處於尋求自我形象的過程中，希望建立其獨特人格，形成對父母反叛的心態；為了得到同儕認同，往往不自覺地追隨潮流，改變自己的看法、行為和標準；注重自我形象，對外貌和內在自我都十分自覺。青少年的自尊心較強，但自信不足，易自卑，對自我形象感到迷惘。興趣廣泛、求知慾強、對新事物充滿好奇心，有冒險精神，但有時會過於衝動；追求理想，容易忽略客觀環境的限制，會因現實事與願違而沮喪；感情豐富，容易受外界事物的感染及較情緒化。

這個時期自我發現成為最核心的關注題目。假如在培養自尊、自信方面，處理得當，他會對自己有正面的評價。青少年要了解自己的能力、興趣和才華，發揮優點；學會開放自己，無懼揭示缺點並而加以改善；也要學會認定目標，發揮潛能，勇往直前。

此外，青少年的情緒變化大，若未能化解其中的困擾，會引起情緒波動，甚至影響學業和人際關係。他們如果學習人際相處、處理情緒和壓力的技巧，有助促進心理健康及人際關係；與人傾訴，讓父母、師長或同儕分擔煩惱，有助建立支持網絡。逆境出現時，容許自己的情緒自然流露，放開懷抱，培養樂觀的人生觀，不會只知緬懷過去，而放棄現在與將來。這一切都與建立良好的自我觀有關。

## 源心繪和自我揭露

於 2004 年 10 月至 2005 年 3 月間，筆者邀請了 20 位中四至中六的青少年，一同探索源心繪和自我揭露的關係。

1. **撰寫自傳**

   參加者先撰寫個人自傳，了解他們進行源心繪自畫像之前，願意與人共享的既定開放領域。他們可以在家中舒適及安全的環境創作，寫作時儘量包括具體及詳盡的細節。

2. **自傳後個別面談**

   筆者收集及研究所有自傳後，與參加者進行深入的個別面談，讓他們闡釋自傳。

3. **學習源心繪序曲**

在撰寫自傳和面談後，再進行另類的講故事形式：源心繪自畫像。在運用源心繪之前，先要學習源心繪序曲，了解塗鴉的語言及規則。

4. **繪畫源心繪自畫像**

以源心繪的畫法，回應以下問題，進行自我探索。

- 用一個框架形容自己。
- 從父母身上，你遺傳了什麼特質？
- 有什麼個人特質，使你跟父母截然不同？
- 你認為一生中最大的榮譽是什麼？
- 假如因意外而突然離開世界，你最大的遺憾是什麼？
- 什麼是你個人的人生目標？
- 你最嚴重的缺點是什麼？
- 你希望別人在你的葬禮中如何總結你的一生？
- 如果生命可以重演，你希望有什麼突破？

5. **源心繪後個別面談**

參加者繪畫源心繪之後，筆者與他們進行深入的個別面談，目的是讓參加者闡釋源心繪自畫像的塗鴉痕迹。

6. **比較自傳及源心繪**

比較及分析自傳及源心繪兩者在自我揭露的分別，研究源心繪在自我揭露中扮演的角色。

## 一・自傳分析

自傳讓青年人分享願意讓他人知道的重要資料，即人所共知的開放領域。整個分析分別從團體層面及個人層面作研究，但較為強調後者。筆者的分析集中於比較自傳的內容，尋索源心繪自畫像在自我表達上的新發現，以深厚描述（thick description）為基礎。「深厚描述」是在描述以外，加上分析，以理解他人的行為。其中顯示的新元素，有助研究源心繪自畫像在自我探索的作用。

筆者將所有參加者的自傳內容，分類至不同範疇，見圖，然後分析不同範疇資料的分布頻率，歸納其出現於自傳的分布情況。基於圖中各種範疇，比較自傳及源心繪自畫像的整體圖案。以了解參加者的源心繪自畫像是否有新的表達或發現。

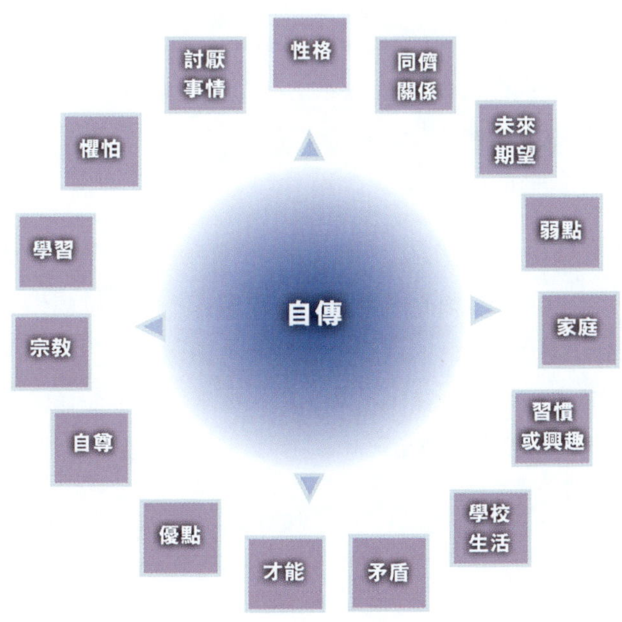

## 二．自傳及源心繪的比較

根據參加者的自傳，他們幾乎全部都提及自己的性格及缺點。此外，對大部分青少年而言，同儕在他們生命中扮演相當重要的角色，他們重視同儕的評價，故此特別關注自我形象。在 20 位青少年中，他們談論學校生活、朋友、信念、家庭、習慣和興趣，有 6 位可見其矛盾性格的痕迹。

### 揭祕 —— 擴展開放領域

和自傳比較，源心繪自畫像中在同一範疇的確表達了一些新元素，補充自傳欠缺的資料。這些資料可能是自傳中未有涉及的，又或在自傳中已提及的，但在源心繪自畫像中有所補充或引申。

20 位青少年透過源心繪自畫像，經歷了自我了解和發現的過程。繪畫者擴展自己的開放領域，察覺平時留意不到的自我，加深對個人內在的了解。

### 探索 —— 開拓未知領域

繪畫者透過自畫像延伸自我探索的內容，發現了不認識的自我。和自傳比較，繪畫者在源心繪自畫像描述一些全新的資料，顯示繪畫者透過源心繪，開拓及探索自己的未知領域。

這情況在一些男生，如楊一、阿 John 和子良特別顯著，他們未能以文字完整地表達，但卻可以藉源心繪流暢地表達自我。另一位男生「清純」更在源心繪發現自己對男性角色的渴求，他自己也感到驚訝。總的來說，繪畫者驚訝和享受於自由表達的經驗，享受在自畫像中展示非想像之內的構圖和內容。繪畫者從新的角度再認識自己。

根據繪畫者在自傳的不同範疇，比較源心繪自畫像在內容上的整體圖案，發現不少新資料，可分為兩類，見下圖：

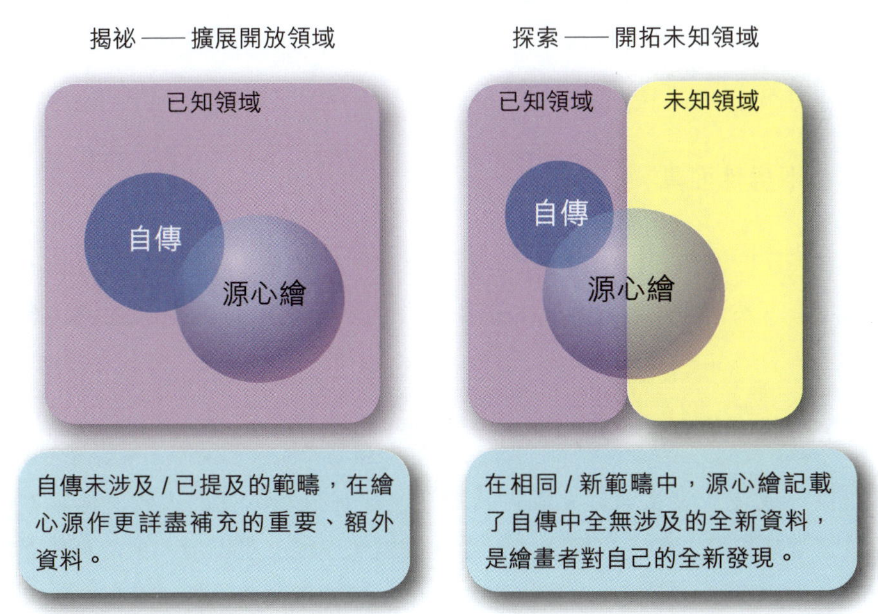


20 位青少年都透過源心繪，進行反思。以下分享一些故事，展示源心繪如何讓青少年揭露未知的內心世界，擴展心靈窗子中的開放領域。

# 繪出新我

源心繪讓繪畫者從新的角度，再認識自己。多位青少年展示於繪畫的新面貌，可歸納為摘下男性面具、豐富的我、發現自己、反思現在的我、尋求突破和追求夢想六個範疇。

## 一・摘下男性面具

對於幾位不擅表達的男生，他們在自傳中，總有意無意避開觸碰自己的內心世界。然而，他們在源心繪卻自然地流露真我，表達其內心世界，撰寫一個全新的故事。

***楊一，15歲，中四男生***

楊一成長於富裕家庭，雖自云平凡，卻想成為非凡的人物。他喜歡回憶，經常捕捉已逝的美好時光。但生性懦弱，不能忍受困境。他的自傳非常簡單，內容含糊。面談時，雖然手執自傳，卻記不起自己寫了什麼。他甚至不能解釋自傳中一些詞彙和所表達的概念。總而言之，楊一不能清楚表達自己。

不過他在源心繪表達的故事，所提供的資料，遠比自傳寫的多，揭示不少內心隱藏的祕密。

當他審視內心世界，發現自己的陰暗面。他在畫中以紅線表達生命中的可能危險，不過他沒有解釋何所指。捲入漩渦的粗黑線，代表失望的入侵，在畫面上形成死亡的陰影，予人死寂的感覺。他畫的生命框架，出現危險和失望。當他檢視生命中的缺點時，以緊密鋪排的黑色線表達被囚的感覺。他的全新故事，可總結為負面的和祕密的。

❶ 黑色輪廓線，強調形狀的重要性，填上金黃色。他希望別人總結他為多才多藝和資優的人。

❷ 簡單的形狀和色彩表達童真的感覺，是他遺傳自父親的特質：天真無邪的思想模式、對藝術的熱情、待朋友比家人好。

❸ 黑色予人負面的感覺，緊密鋪排的黑色線表達被囚禁的感覺。他發現自己有很多祕密收藏在自設的監獄內。

❹ 環繞小黃點的紅色網，表達生命中的遺憾，他覺得自己處於無助的處境，未能達到目標（黃色部分），這目標是他心中的祕密。

❺ 他以鮮艷的橙黃色表達希望成為聰穎的人。如果生命可以重來，他希望可以更勤奮、用更多時間學習，獲取理想的成績。

❻ 不規則的鮮藍及青色，代表曾得到不同的學習機會，是家庭提供的，他很享受學習小提琴和劍術。

❼ 細小而多樣化的橙色代表對知識追求的野心。獲取知識充實自己，是他的人生目標。

❽ 他以紫色線作靈活的個人生命框架。他期望多才多藝，不受限制。紅線是生命中曾遇見的危險，捲入漩渦的粗黑線形成死寂的感覺，是失望的入侵。

*阿John，18歲，中六男生*

阿John以抽離的態度撰寫自傳，避免接觸個人的內心世界，嘗試只描述自己的興趣和想像，讀者難從自傳中認識他。

發白日夢是阿John生活中的點綴。17年來，他自覺被困在時間的限制中，生活如重擔，早晚面向死亡。他喜歡柔弱的寧靜和純黑白的對比。他喜歡冷的質感，給人深沉、黑暗的感覺。他有時感到自己被狂野的想像牽引，想擁有跳躍的腿和翅膀，高飛遠走！

相對自傳，阿John透過源心繪自畫像，才真正探索自我，表達一個全新的故事。他享受現在，很少想及未來。但源心繪中的故事，主要是有關他對將來的計劃。他謙和地告訴筆者，對他而言，將來是一個新的話題，他視之為祕密。他也驚訝於能夠在繪畫過程中，加深對自己的了解。

❶ 分叉路表達樹的分支。若突然離世，他會為自己未婚感到遺憾。對他而言，完整的人生包括戀愛、婚姻和組織家庭。他相信生兒育女是他生命的分支。

❷ 他用分叉路的形狀代表爪。他知識廣博，可以跟別人討論任何題目，喜歡音樂和視覺藝術，也為此自豪。

❸ 向上的線條，表達渴望升讀大學。他認為這是生命中十分重要的，否則生命欠缺意義。

❹ 紅點代表獎牌，他希望成為出色的藝術家，在很多範疇中均有傑出成就。他想被認同，希望富有和有自己的家庭。

❺ 母親是兇惡的女人，頭顱似的線條，形容遺傳自母親的兇惡性格。

❻ 他繪畫合符比例的頭顱似的線條，代表父親柔和安靜的性格，從不罵人、發怒，經常像一位紳士。他和父親的性情差不多。

❼ 很多小圓形描述自己對財富的渴求，這是他希望得到的生命突破。

❽ 繪畫拳頭般線條，表達憤怒時表現粗魯，和父親截然不同。

❾ 他用線條繪畫一個抽象、不合比例、肥胖和過重的人。原來他憂慮自己的體型，想保持身段，使自己好看。

❿ 給予自己不規則的框架，是想自己的生命不受規則捆綁。

***靚仔，18歲，中六男生***

「靚仔」在自傳中表達自己是情緒化的，有時滿有信心，有時卻感到無能為力。他愛好公義，嫉惡如仇，希望控制他人的思想達至世界和平。他雖知道「以暴易暴」是幼稚、不成熟的想法，但他卻深信不疑。他欣賞漫畫世界中，所有拯救人民的英雄。愛和暴力在他心中形成強烈的對比。他認為自己充滿愛心，關心所有耆老、弱智、軟弱和年幼的。他經常向有需要的人施以援手。他相信上帝，但懷疑上帝為何不拯救弱者。他常憤世嫉俗，相信只有少數人是好的。他關心社會，感到自己生命充滿能力和無能為力、快樂和不快樂這些矛盾的張力。

「靚仔」的源心繪，亦展示一個和自傳截然不同的新故事，全部發現都是關乎其內心世界的。靚仔獨特之處是對暴力矛盾的看法，他以中國墨汁代表想像中的暴力思想，是負面和黑暗的。然而，他從不會真的付諸實行，他討厭別人以武力解決問題。但是，為了報復，他想「以暴易暴」。他以另類和非凡的方法表達自己。若突然離開世界，他會後悔未曾公開自我表白，向家人和朋友表達對他們的愛。

當他在面談中，評價自己和朋友的關係時，他想作出突破，希望可以重新選擇朋友的圈子。因為他有些朋友忽略良知，故意幹壞事。但是，在結交朋友方面，他未作出任何改變，也沒有在畫面上呈現。

1. 他不用任何框架形容自己，因他是不受任何規限的人。
2. 他在畫面自由地潑墨，代表遺傳自父母的活潑和情緒化性格。
3. 他以亂線塗鴉，顯示多元化的思想模式，他為自己機靈的性格而自豪。
4. 心中雖是熱情，但卻不形於外。黑色背景代表其悖逆個性，但他的內心卻是善良的，故以紅色作為畫面的中心。
5. 他的線條混亂而無定向，他希望在宗教裏尋到真愛，得到慰藉。他想遇見上帝，但又不知循何途徑，感到混亂。線條不單混亂，更富動感，給觀賞者憤怒的感覺。代表他於半夜仍未能完成工作時，會感到失望和憤怒。

①
②
③
④
⑤

## 二·豐富的我

***心如，17歲，中六女生***

心如以隨筆形式寫自傳，內容十分真誠和豐富，文章顯示她的思路進程。心如是個十分感性的人。她在自傳中提及自己的學業成績不佳，會考失敗未能在原校升讀預科，升讀中六只是幸運！不過她留戀母校，自傳中流露她的無力感及憂慮之情。

心如在繪畫源心繪時，描述自己的弱點，她引申自己因為懶惰，導致會考之後未能原校升讀，覺得自己失敗，加上心繫母校，泛起若有所失的感覺。畫中她表達希望如何突破困境，努力以赴，爭取好成績。

此外，心如在自傳中提及自己在藝術和學業之間掙扎，希望可以在藝術方面得以突破，藝術天分得以發揮。她在源心繪中，以放射式和燦爛的線條展示其夢想，並表示自己對實踐夢想的信心，詳見下列解說。

❶ 淺藍色的線條，表達無力的感覺。最大的遺憾是惰性，她害怕生命無意義地溜走。

❷ 重複、暖色調的短促弧線，代表生命中的突破。她想提升生活質素，勤奮學習，在各方面均盡力而為。

❸ 強而有力、放射式的線條，代表她對生活的自信，做事充滿活力。

❹ 以放射式和燦爛的線條表達夢想，她希望在藝術方面獲得成就。線條交織成美麗的衣裳，人生目標是成為著名時裝設計師。

### *子蕙，18歲，中六女生*

子蕙的自傳雖然簡潔，內容卻相當豐富。她擁有雙重性格，如快樂和憂愁、享受同儕相處又喜好獨處、活潑和安靜、固執和什麼都沒所謂。子蕙在自傳中指出自己有多重性格，在源心繪中，她引申自己豐富的內心世界。

在自傳中，子蕙指出自己不慣將心中的不快與人分享，只會隱藏內心深處。不過在源心繪中，她指出這並非個人的意願，並且感到箇中有不少掙扎。

她早在自傳已表示會爭取自己喜歡的事情，喜歡文學，希望圓作家夢。在源心繪中，她對此有更深入的補充。她描述自己很喜歡藝術，希望可以找到欣賞她的寫作和藝術的朋友，惟恐未能覓得知音人。另外她又指出圓作家夢之外的另一夢想，和未能如願的遺憾。對於希望別人如何總結她的一生，她有很詳盡的表達。

1. 橙色的圓形代表想跳出框架的邊界，是她的獨特性格：平靜、溫和，不追求生命有顯赫的成就。
2. 黃色予人平和的感覺，雖然「河流」中的圓形有不同的大小，整體上仍有和諧感。她想別人總結她為柔和、有趣的人，常產生變化及異想天開的意念。
3. 右邊的小圓形代表她的觀賞者 / 讀者，她惟恐未能覓得知音，若在死亡之前未能圓夢，會深感遺憾。
4. 在源心繪中，她描述自己很喜歡藝術，希望可以找到欣賞她的寫作和藝術的朋友。不規則的形狀代表書本，而附近的小圓形代表無數的讀者正欣賞她的作品。
5. 子蕙以闊度富於變化的框架，表達戲劇化的情緒，有時心境平靜、性情溫和，有時情緒卻變幻莫測。框架是開放的，沒有固定規劃的。
6. 她表現得自我中心，但卻期盼與人貼近，然而，這種想法，卻隱藏於她的內心深處。如同圓形的種子藏於泥土之內。藍色的格子代表監獄，妨礙她向人開放。

①
②
③
④
⑤
⑥

## 三．發現自己

有些參與者表達有別於自傳的全新內容，顯示繪畫者在過程中，曾進行深入的反思。

***琬婷，20 歲，中六女生***

琬婷自傳的手迹草率，她知道自己對很多事都知易行難。她感情豐富、關心別人、尊重別人和自己。她並非決斷的人，對人對己標準不同，深知如何説服別人盡己所能，以正面的態度學習。自己卻知易行難，腦海中雖有很多原則，卻因情緒化的性格而未能實行。她無論對人或動物，都有愛心。她喜歡研究人際關係和心理學。為了面子，她對己對人都竭盡所能。她重視別人對她的看法，想予人正面形象。

然而，琬婷在繪畫源心繪時，相對於自傳，有更豐富的表達……

❶ 她用許多海浪般的線條，表達她和朋友豐富的感情關係。她想別人總結她為溫柔、性情溫和的人。她是多情體貼的人，朋友很珍惜她。

❷ 她用躍動的紅色和橙色，代表對朋友直接的感覺。以真誠和愛對待朋友。她希望可以快樂地生活。這些都是她所看重的。

❸ 琬婷用曲線繪畫似是而非的框架，既不想住在框架內，又不想完全脱離。框架提供規則和限制，亦為生活提供指引。

❹ 圍繞框架的鋸齒，展示她從母親的學習。紅色和黃色是強烈而歡欣的，是她和母親的性格，即開放、民主及現代感。鋸齒形的曲線，給人舒服的感覺，表示和朋友有密切和圓滑的關係。

❺ 冷色調、柔弱而斷續的線條描繪她的缺點。她和母親的性格不盡相同，她情緒化，難以作舉足輕重的決定。斷續的線條給人柔弱的感覺，顯示她不能持之以恆。有時，她懶得實行已決定的事情。

❻ 斷續的藍色、紫色和綠色線，顯示突然離世的遺憾：餘下很多未完成的工作，人生一切將會終止，不能再擁有。還有未能繼續和家人、朋友的關係的遺憾。

①
②
③
④
⑤
⑥

*紫凌，18歲，中四女生*

紫凌運用傳統的寫作方法，在自傳中表示自己深受家庭影響。她為人理性，按信念而行，為了美好的將來，強迫自己勤奮學習和儲蓄。

紫凌在自傳中提及父母很愛她，自感幸運。直至在源心繪創作時，她才發現自己與父母的關係中，一直處於被動的角色，她只是接受愛，忽略生命中重要的元素。她總結自己在人際關係中應付出「愛」。

1. 紫凌發現自己一直忽略的重要元素，是生命中的「愛」。她以捲曲的線條，模仿一雙緊合的手，代表對父母和周遭朋友的愛，她要表達對雙親熱情的愛。捲曲的線條形成箭的形狀，代表在愛的學習上，可以突破只是愛「雙親」的框架。她發現自己的人生目標，是學習如何去愛。
2. 迂迴曲線表達保護的感覺，代表紫凌若未能照顧雙親，會深感遺憾，鮮紅色表達對雙親熱情的愛。

1
2

***軒倩，18歲，中六女生***

軒倩在自傳中談論自己的性格。她擁有雙重性格，相信星座影響其性格走向兩極，如：現實和想像、樂觀和悲觀、感情豐富又漠不關心。概括而言，她是性格樂觀和正面的女孩。她在源心繪中，發現自己希望在矛盾中尋到出路。

軒倩在源心繪中的表達甚為有趣，出現了不少自傳以外的全新內容，包括自己在不同範疇的發展、興趣、父母不同的性格、雙親對她的影響及截然不同的期望，她也表達了自己對兩性權利的看法。

❶ 在交界處的尖鋭形狀，反映她對科學的興趣（雖然她現在修讀文科）。原來她喜歡連接電線、分析燈泡和電腦顯示屏的結構。她深信女性也可勝任男性的工作，兩性在能力方面沒有分別。

❷ 橙色曲線表達在體育方面輝煌的成就，粉紅色花卉似的形狀，象徵藝術方面的成就。她在學術、體育和藝術的均衡發展，令她引以為傲。

❸ 強而短促的筆觸，表達生命中最大的遺憾，就是如果自己突然死亡未能報答親恩。

❹ 繪畫一些青色、濺起的水滴形，表達遺傳自父親的樂觀性格，縱使父親遭遇失敗，仍會處之泰然，見機行事，不會追求完美。他享受生活，如飄浮於水面的球體。

❺ 長曲線類比鳳凰的尾巴。母親期望她將來能夠成為出色的學者，有如鳳凰一般。她自己表示在另一方面，父親期望她如常人一般賺錢生活。她傾向父親的想法，不想如母親般抱太高的期望。

❻ 以淺藍色不太嚴謹的框架形容自己，這框架並非真實和實在的。她不拘於規則，常尋求突破，喜歡即興而行。但是，卻害怕完全離開框架，沒有框架等於沒有安全感。她訂定的框架，建構在師長的訓誨或榜樣下，她重視別人的評價。

❼ 橙色描述生命中的突破，她的天性包含了父母的性格，剛柔並濟。不過她卻想跳出父母性格的框架。

❽ 鮮黃色和橙色的圓形，表達遺傳自母親積極和活潑的性格。她深受母親的影響，學習成為負責任、積極和有活力的人。她是開放、滿有朝氣和勤力的人、熱愛藝術和喜歡即興行事。

①
②
③
④
⑤
⑥
⑦
⑧

***詩婷，18歲，中六女生***

詩婷的自傳內容很精彩，涉及學校、家庭、教會、同儕、愛情、性格和身體狀況。而且，不流於描述，有深層的反思。她為人成熟，自我形象清晰。

詩婷在自傳中，提及別人對她有很高的期望，她像是活在別人設的框架之中。然而，在源心繪中，詩婷對於常活在他人的期望中，深感混亂。她表示希望可以擺脱框架，卻欲罷不能。

她在自傳中表示，為保持成熟和獨立的形象，她強裝成熟。為了避免別人厭棄，她勉強自己事事遷就別人，結果卻成為自己的擔子。

在繪畫中，她表達對自己和他人不同的期望。此外，她在源心繪中表達了全新的內容，是有關其已破損的友誼。

❶ 彩色的圓形代表遺傳自雙親的婉轉性格，藍色代表和他人的抽離關係。她不打算改變，因為害怕令人感到失望。她待人不大開放，從不指出他人的弱點。置於中心的黑色小圓形，代表她的目標。她對自己有很高要求。父母教她與其倚賴別人，不如盡其所能。對人對己不同的態度，被一條黑線所聯繫。

❷ 桃紅、向上的線條代表人生目標。她想脱離現有的框架，不想依從規則，盼望得到自由。她想嘗試新的事物，於四十歲退休和做義工。

❸ 紅、橙色混亂的線，代表她的渴望。如果可以重新活一次，希望可以和朋友建立深厚的交情，擺脱自己的框架。

❹ 細小、低彩度的顏色，表達生命中的遺憾，未能修復已破損的友誼、未能確定自己的身分，並感到混亂。

❺ 不同圖層的形狀代表自己的弱點和阻礙，她渴望改善自己，但她難以離開自己的框架，缺乏主見。

❻ 她用暖色調，表示自己想給人溫暖的感覺，以減輕自己給人漠不關心的冰冷印象。

①
②
③
④
⑤
⑥

## 四・反思現在的我

有些青少年在源心繪中，對現在的我有所反思。可見源心繪於自我反思所扮演的角色。請看看下列故事：

***清純，18歲，中五重讀生，男***

「清純」的自傳內容豐富，含大量回憶細節，常反思過去。他富於感情，十分重視人際關係。他的性格女性化，自己早已察覺，並以為自己完全接納女性化的自我形象。若非透過源心繪，他完全不知道自己內心對女性化性格的憤怒。這是他在詳盡的自傳中，未能發現的祕密。惟獨透過圖形結構，才能表達、得悉。

「清純」繪畫時，才發現自己對男性角色的強烈渴求。他將男性化的顏色（藍色）加入女性化的顏色（紅色），形成另一種顏色——紫色，以表達自己對強烈女性化性格感到憤怒，覺得抑壓男性角色的發展。他期望得到革命性的轉變。這個新發現，喚醒他從未知曉、隱藏內心的憤怒。

*怪獸 ka，18 歲，中六女生*

「怪獸 ka」缺乏安全感，常故作樂觀，十分倚賴家人和朋友。她享受和親密朋友分享，希望在同儕中找到安全感。同時，喜歡玩塔羅牌占卜和求籤，希望對未來更有信心，她在意外表也是想加強自信。

當她發掘內在的自我時，發現自己遺傳自雙親、曲中帶直、剛中帶柔的矛盾性格。此外，她發現自己害怕想及有關死亡的事情。

❶ 用很多暖色調如黃色、橙色和粉紅色繪畫框架，表達她內心深處的快樂。不規則的形狀描述情緒化的性格。

❷ 置中的細小啡色圓球，代表內在的溫柔。當她發掘內在的自我時，發現自己剛中帶柔的性格。而雙重的顏色，代表她的雙重性格，是瘋狂和快樂的，鮮有人知她深藏的憂鬱。

❸ 她以荊棘作為輪廓線，代表個人強烈的性格。

❹ 黑線表達對死亡的感覺，鮮艷的曲線和直線的縱橫交錯，表達死後的遺憾。她害怕想及死亡，死亡帶走她所有快樂，使她與家人朋友隔絕。

*阿榮，18 歲，中六男生*

阿榮以兩種不同的風格，寫自傳的兩部分。他用點列形式列出自己四十項特點，予人一個概覽。雖不能從自傳認識他的全部，但總能對阿榮有點概念。

阿榮在源心繪中，洞悉自己一個祕密。現在他才知道自己被冠以「好好先生」尊名背後的內心掙扎。這種無法命名的內在思想，只能以圖形結構，將高度抽象的感受帶到能描述的意識。阿榮透過圖像，重組經驗，在自畫像延伸自我探索的內容，提供新的表達。沒有經過源心繪的過程，阿榮完全不曉得內心的困難和感受；透過源心繪，將隱藏潛意識下的困難，浮現在意識層面，令他得悉個人問題所在，也有助他解決自己的問題。

他模仿抽象表現主義畫家帕洛克（Jackson Pollock）的潑墨技巧，用一些隨意、起角的線圍繞水滴，表達爆炸效果，顯示內在強烈憤怒的感覺。阿榮表示，即使力不從心，仍會接受別人所有要求。有時他為此感到快要崩潰！他發現深藏自己內心的憤怒，想拒絕無理的要求，但他永不懂向人說「不」！他想激變，有時不想過分負責任，他不想別人（包括家人）向他呼喝，希望被尊重。

## 五．尋求突破

有些繪畫者在源心繪中，表達了不安現狀、尋求突破的想法，讓我們一起經歷他們的心路歷程吧！

***茗之，18歲，中六女生***

左下方冷色系的環狀，代表現狀，是深沉而柔弱的，其中的彩環代表她渴望成為女強人，想生活無憂。彩色向上的曲線，顯示其向上的渴望。茗之期望突破，向自己的目標進發。目標為何？右上方的彩環，代表不同領域中的生命目標。黃色彩環代表財富、紅色彩環代表她憧憬的美滿婚姻。

*芷韻，17歲，中六女生*

❶ 芷韻的弱點是不穩定的情緒，有時黑線是圓滑的、有時卻形成尖鋭的形狀。思潮如風飄忽不定，她期望突破情緒的限制，可以更穩定。

❷ 自由、鮮艷的藍綠曲線，代表無拘束的做事方式，她以此為傲。似無邊際的線條，表達她以為將來仍會如是，她希望有所突破，脱穎而出。圓滑、順暢的曲線，代表她希望和別人相處時，可以圓滑一點。

*綺玲，18 歲，中六女生*

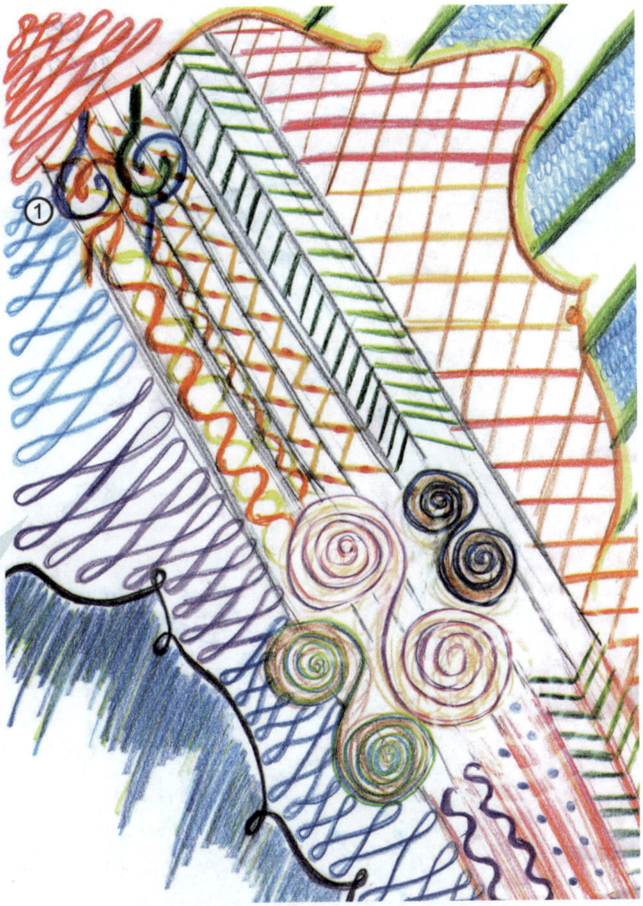

1 鮮艷、轉動的符號，代表現今流行的說法「轉數快」，即敏捷、批判性的思想。綺玲是機靈的人，愛替朋友解決問題。但很多時她的精明念頭，因為惰性而未能付諸實行，她期望日後可以突破個性限制，付諸行動。

***北北，15歲，中四女生***

北北的自傳，沒有描繪事情的細節，卻分析事件的概念，這和她修讀文學不無關係。當北北描述期望生命的突破時，發現自己的另一面。

❶ 當她探索自己內在的感覺時，發現自己渴求與同儕建立親密的關係，不想人感到自己是很獨立的。所以，她以藍綠色為主的線條，代表其冰冷世界，其後運用強烈的暖色的色塊破冰。希望對周遭的朋友，變得更熱情。

❷ 北北發現自己的另一面：她不喜歡自己的思想混亂。右方的黑色格子，代表她期望自己可以更好地管理自己的生活，使其更有規律。

*DDcat，19 歲，中六女生*

「DDcat」說自己最怕寫自傳，因懼怕觸及自己內心世界的深處。話雖如此，當她寫自傳時，卻寫了不少。她性格充滿矛盾，既恪守校規，但又常懼怕自己不慎觸犯校規。她雖然享受友誼，卻因為不能忍受別離之苦，而不想結交朋友，她的生命交織着快樂和憂慮。

如自傳所述，她形容自己是個內向的女孩。然而，在繪畫源心繪的過程中，她發現⋯⋯

❶❷「DDcat」將①畫成是②的倒置及放大的形像，表示期望自己的性格有所突破。她不想再作內向的人，期望可以不受框架的限制有所突破，隨心所欲。

❸ 她用矩形形容規則的生活，雖然她是內向的女孩，但卻不欣賞這類型的性格。她以一個不規則的框架，形容自己。

***阿璇，18歲，中六女生***

阿璇以隨意的態度寫自傳，這和她的性格不無關係。她不喜歡事前詳細計劃，喜歡動腦筋，風格並不系統化。這風格不只顯示在繪畫上，也在對人、對事的態度上。

阿璇在源心繪自畫像中，揭露自己深藏心底、無人知曉的祕密。她經常掙扎於保守祕密與期望和人分享之間。她詳細描述其中一個祕密……

❶ 以變形蟲似的形狀描述她的懶惰，變形蟲之下的冷色調垂直線，顯示懶惰的影響。張力拖垮了她，以致未能有很好的表現。

❷ 她用線形成一個上有窄開口、下有闊底，像個瓶子的形狀。瓶子內包含很多物件，但只有少部分可以倒出來。比喻她擁有很多意念，但少付諸實行。

❸ 放射性圓形圖層，由一點出發，向外延伸，她渴望向朋友開放。與父母不同的是她喜歡結交朋友。

❹ 藍線繪畫分叉路，代表表面的裂痕。她以此為突破，跳出懶惰的框框。如果可以重生，她一定會勤奮些。

❺ 很多黃色圓形，代表生命中的快樂。橫向的曲線代表笑着的嘴巴，予人快樂的感覺。她希望人生被總結為快樂、柔和及舒服。

❻ 藍色予人憂愁和憂鬱的感覺，代表內心的遺憾，是一個未能解開的鬱結，至今仍未得釋放，留在心中不可磨滅的影子。

❼ 她發現自己在保守祕密與期望和人分享之間掙扎。瓶子底部繪畫了很多線，代表她如父母般，將很多祕密深藏心底，從不讓人知曉。

## 六・追求夢想

人如果沒有了夢想，即沒有生活目標，就會馬虎地過一生；人生就缺乏價值，所以擁有自己的夢想，是很重要的。青少年追尋的四大夢想分別是：人生價值、良師益友、終身志業和愛。

*子良，19歲，中六男生*

**人生價值、良師益友**

雖然子良以點列方式寫自傳，卻能表露個人的內心世界。在自傳中，自省是一條重要的線索，他強調對人生目標醒覺的重要性。

他所謂精神上的「覺醒」，在源心繪中，有更詳盡的探索。他將尋求生命的意義，視為生命中重要的一環。而且，他希望影響周遭友人，一起追求生命中的人生價值。

子良不想獨自尋求生命的意義，希望可以影響他人，大家一起尋求生命的意義；然而，自己的影響力太微弱。朋友都鮮有尋求生命的意義，雖然他沒有被周遭的黑暗及同儕所影響，但他想照亮別人的生命，以自己的方式，尋覓生命的意義和方向，這是他所追求的生命成就。然而，由於他的懶惰，光線太過微弱，他為此感到難過。他希望光線衝出畫面的框框，然後返回畫面再作反射，這是他認為惟一可以保存光線的方法。

*芳芳，17歲，中四女生*

**終身志業、愛的尋求**

芳芳以時下青少年喜歡用的雙語模式寫作。雖以隨意的態度寫作，卻展示深入的描述和分析。自傳中充滿矛盾，令人感到其中的張力。她將雙重性格歸因於雙子星座。

對於夢想，在自傳中所得到的資料，是夢想所扮演的功能。夢想是一個目標，讓她知道自己目前為何辛苦、為何忙。夢想是她的精神寄托，讓她有動力學習，不畏困難，壓力亦因而得以舒緩。然而，究竟她的夢想是什麼，卻無從得知。在源心繪，芳芳延伸對將來夢想的表達，她憧憬多姿多彩的生活、人生目標，對將來的職業和愛情充滿期盼。

❶ 當她描述夢想時，臉上立時展露滿足的臉容。她偏愛桃紅色，以此表達對時裝設計業的夢想。以曲線顯示液體的動感，表達心中喜好。以線條將整體劃分為細小部分，代表邁向目標的每一步。

❷ 她從未試過戀愛，希望一嚐愛情的滋味。紅色和粉紅色表達所渴望的愛情，以迂迴的曲線，模仿心形，象徵愛情。

❸ 黃色和綠色曲折的線條，總結她憧憬多姿多彩的生活。她的人生目標，是擴闊知識領域，周遊列國，認識不同的人。迂迴的曲線，代表達至夢想的漫長路程。

## 繪出我們的故事

除了自畫像，源心繪可以作為其他自我探索的表達媒介。筆者曾以人際關係為題，邀請了四位從未受視覺藝術訓練的人，年齡由 7 歲至 60 餘歲，學習源心繪語言。同樣，他們先學習源心繪序曲，再學習源心繪的繪畫方法，探索下列有關人際關係的問題，作為故事分享。

被寵愛的感覺

我的人生夢想

我做過最感人的事

我最佩服的人物

我最討厭的人的特質

朋友對我最大的影響

我最介意別人的評價

我在朋友間常扮演的角色

我希望告訴後人的墓誌銘

## *小萬花筒，7歲，小三女生*

起初，當邀請只有7歲的「小萬花筒」學習源心繪時，筆者懷着戰戰兢兢的心情。心想：年紀尚小的她，真的能夠明白和使用源心繪嗎？出乎意料，她不但能夠掌握，更能運用自如，表達複雜而抽象的概念。

❶ **我做過最感人的事**

亂糟糟的黑線代表不開心的感覺，紫色的圓圈，包圍黑色的亂線，即為不開心的人帶來歡樂。

❷ **被寵愛的感覺**

橙色代表開心的感覺，線條密集，是親密、被包圍的感覺。

❸ **我的人生夢想**

由陰暗的角落，即不開心的地方，發射到另一個開心的地方。

❹ **我最介意別人的評價**

她介意別人的評價，使她發怒，是一團亂線。

❺ **我最討厭的人的特質**

污濁的色塊，是人的壞脾氣，外圍的藍色線，是周圍的人教她向善。

❻ **我最佩服的人物**

波浪似的藍線，是她最敬佩的主耶穌，平靜風和海之後，所行走的海面。

❼ **我在朋友間常扮演的角色**

彩色的線是不同性格的朋友，她是黑色的點，既是跟隨者，又是帶領者。有時，她跟隨朋友的腳蹤而行；有時他們又會以她為領袖，跟隨她的步履。

❽ **朋友對我最大的影響**

她以迂迴的黑色曲線，代表自己所走的路是形單影隻、黑暗和容易迷途，光明的背景，代表朋友的幫助如同光線，引導她所行的路，暢順無阻，直達黑色圓點（終點）。

❾ **我希望告訴後人的墓誌銘**

橙色是鮮艷、醒目的顏色，她希望別人覺得她聰明。

*積奇，10歲，小五男生*

❶ **我最討厭的人的特質**

是纏繞的藍色線，糾纏不放，令人煩厭。

❷ **我希望告訴後人的墓誌銘**

藍色是別人，紅色是他；他希望別人認為他是幫助和保護人的。

❸ **我最佩服的人物**

他最佩服的人物是一個似乎平凡，卻擁有紅色的優點，可是被較平凡的藍色遮蓋。

❹ **我的人生夢想**

在大自然居住，擁有一個島，種植不同的美麗的樹。

❺ **我做過最感人的事**

幫助人！最初別人的心情是慘淡而思想狹窄的，經他開解後，心情開朗，顏色也鮮艷起來。

❻ **朋友對我最大的影響**

鮮艷的橙色代表有朋友，不愁寂寞。橙色代表自己，每當有綠色代表的東西騷擾他時，自有藍色代表的朋友保護他。

❼ **我最介意別人的評價**

粉紅色是他做的好事，卻如藍色線，被人批評是差的。

❽ **我在朋友間常扮演的角色**

他是深藍色線的跟隨者，跟隨紫色的朋友蹤跡。

❾ **被寵愛的感覺**

黃色代表開心的感覺，被紫色的曲線包圍，不用愁煩。

## 花筒，成年女性

❶ **朋友對我最大的影響**

朋友令她脱離黑暗，走向光明，倚靠上帝。

❷ **我最介意別人的評價**

紅色代表所做的善事，被人抹黑。

❸ **我在朋友間常扮演的角色**

如同耳朵的形狀，帶出她在朋友間，常扮演一個好的聆聽者角色。

❹ **我希望告訴後人的墓誌銘**

不斷向上，由黑色漸進至光明的色彩，指她希望被他人總結為是不斷幫助他人在自信和屬靈中建立自己，脱離黑暗。

❺ **被寵愛的感覺**

被寵愛是在擾亂的深洞之中，被實在而牢固的紅圈保護和包圍，免受藍色的刺所攻擊。

❻ **我最佩服的人物**

破碎的塊面，代表本是一個完整的個體，甘為幫助他人而粉碎自己。

❼ **我的人生夢想**

破解擾亂和紛爭，逐漸團結，成為一體，邁向充滿愛心的目標。

❽ **我最討厭的人的特質**

自己是混亂、黑暗的亂線，卻以紅色遮掩自己的過錯，繼而用黑色的刺攻擊周圍的人。

❾ **我做過最感人的事**

柔弱、無力的線條，漸漸變粗，指她曾令軟弱、無自信的人，重拾自信，自強起來，朝着光明的目標進發。

*普路士，64歲，男性*

❶ **從父母身上，你遺傳了什麼特質？**

圓形代表舒服、隨和、良好的人際關係。

❷ **你認為你一生中最大的榮譽是什麼？**

美好的果實、彩度高、鮮艷的色彩，代表受人認同。

❸ **什麼是你個人的人生目標？**

綠色的曲線，像草一般，由細至大的生長形態，代表培育的意思。

❹ **朋友間我常扮演的角色**

如同耳朵的形狀，代表聆聽者的角色。溝通中會分享、不懼怕指出別人的強弱處。

❺ **用一個框架形容自己**

呈啡色的曲線形。近畫的邊緣、斷斷續續、不太愛受束縛。

❻ **你最嚴重的缺點是什麼？**

黑色一團糟，代表不好、拖延的性格。

❼ **你希望別人在你的葬禮中如何總結你的一生？**

溫暖的顏色，代表樂觀的性格。

❽ **有什麼個人特質，使你跟父母截然不同？**

以快速的筆觸繪畫，表示雖然不知前面隱藏什麼，仍勇往直前，代表他愛冒險的性格。

## 基拉艾瑪，48歲，女性

**❶ 朋友對我最大的影響**

橙色的她，被粉紅色的愛包圍。綠色是生命力，失意時別人的鼓勵光照她，讓她的能量不斷增長。

**❷ 過去**

背景是過去，灰藍的線代表童年短暫不愉快的回憶。其中混雜的粉紅、黃和綠色，交織成家庭給予她的愛，大部分童年回憶是愉快的。

**❸ 我最介意別人的評價**

藍色代表她聽到別人的評價後的不悅心情。圍欄的形狀，代表不舒服的感覺，亦表示保護她免受評價的傷害。圍欄的交錯，代表難以接受別人的評價。

**❹ 被寵愛的感覺**

家庭各成員的愛，橫線代表和諧和快樂的感覺。直線代表現在雖然各人身處異地，而愛將家庭聯繫起來。

**❺ 我最佩服的人物**

紅色的三角形是教會。啡色的長條令人聯想強壯的樹幹，形狀攀登高處，她以牧師為模範，他在教會強而有力的領導，令她深深敬重。白色則代表生命的純潔。藍色是教會成員間的小問題，黃色代表問題是可以克服的，紅色代表教會中的愛和一致。綠色長方形代表對牧師敬重的增長。

**❻ 我希望告訴後人的墓誌銘**

置中的紅色是愛，綠色代表洗滌人心，啡色使人感到堅固、剛強。她希望名垂不朽，死後仍被別人念記。

**❼ 我最討厭的人的特質**

黑、紅色代表對不負責任、不誠實的人的憤怒。友人不守諾言、虛偽，令人難以理解。灰、藍色是友人給人不開心的感覺。

**❽ 我的人生夢想**

青色長方形是失敗，深綠的形狀代表成功。希望成功比失敗多，深綠的方向專一，指向一個目標。深綠色予人生長的感覺，現在仍專注這個目標而努力。

**❾ 我做過最感人的事**

中心的紅點，是為人做微小的事。事雖微小，卻會擴充，意義重大。暖色代表幫助別人，而外圍的綠色，指愛心的影響不斷擴展。

**❿ 朋友間我常扮演的角色**

形狀重疊代表緊密的朋友關係。相同的高度，代表朋友不分高低，是平等的。紅色代表愛，橙黃色代表溫暖的關係；混色部分豐富原本的色彩，代表朋友間彼此增益。

基拉艾瑪在繪畫完源心繪人際關係故事翌日早上，急不及待找筆者，説她之前的晚上睡得不好。整個晚上的夢，都環繞着源心繪人際關係的故事，夢境出現了她的姐夫。接着，她按捺不住情感，一直痛哭。並告訴筆者一個隱藏心中三十多年的祕密，連她最親密的家人和朋友都全不知曉。

她透過思考「過去、現在、將來」，重遊童年，回想姐夫在她八歲時，向她做了一件不道德的事，她一直懷恨在心，未能釋懷。這件事影響了她數十年，她深以為恥，從不敢啟齒。直到繪畫源心繪人際關係故事後，線條勾起她隱藏內心的祕密，她才敢於向筆者自我揭露。童年陰影一直作祟，使她未能真正接受過去的自己，影響她的脾氣變得暴躁。

她透過重述自己的故事，整理過去。讓自己明白，舊事已過，現在的我，都變成新的了。她有權選擇如何面對過去和自己。筆者鼓勵她擺脱舊我的控訴，作個開心快活人。翌日，她再找筆者，説已能擁有很好的睡眠，得到前所未有的釋放，成為能夠接納自己的新我，為生命揭開新的一頁。

基拉艾瑪繪畫源心繪人際關係故事，對她而言，是一個排毒過程。清理舊帳，以新的身分面對過去，最重要的是她能夠坦然面對自己！源心繪幫助她檢視自己的生命，對人生有嶄新的領悟。原來源心繪竟是奇妙的心靈「內窺」工具。

## 在畫中認識自己

雖然參加者在撰寫自傳時，被指示要儘量詳細描述，以熟悉的文字為媒介，在時間和空間方面，予以極大的自由度。參加者在自傳中，已牽涉生活中的不少範疇，包括家庭、同儕關係、學校生活、才能 / 優點、性格、弱點、未來期望、習慣 / 興趣、懼怕 / 討厭的事、自尊、宗教和矛盾。

不過繪畫者在源心繪自畫像中，仍能提供大量連繪畫者也沒有注意到的補充資料，為個人生活進行深入探索。原來繪畫者透過源心繪進行反思，揭露內心世界，發現從前所忽略的，找到不少撰寫自傳時不自覺的事情。

源心繪自畫像是自我探索的工具，豐富傳統文字寫作的內容。不論是自畫像故事，抑或人際關係的故事，均顯示源心繪讓繪畫者自我揭露，擴展他們的開放領域，讓他們拆卸內心圍牆，重新發現自己的價值和自我實現的潛能。

從前頁的故事，讀者會發現源心繪自畫像可以作為自我了解的途徑。讀者也不妨運用線條，創作自己的故事，向一個你信任的人分享，透過自我揭露，認識內在的我，面對自己。

## 感觀驛站

### 過去、現在、將來

請以鉛筆、木顏色或油粉彩繪畫下列場景：

| | |
|---|---|
| **過去**<br>回憶、重新感受過去令你深刻的事情，儘量回憶當時所有細節，包括時、地、人，嘗試重新感受，並以你認為最適合的線條，將「過去」繪於方格內： | |
| **現在**<br>檢討一件正在發生、在生命之內的重要事情，儘量包含所有細節，包括時、地、人，重新感受當下的感受，並以你認為最適合的線條，將「現在」繪於方格內： | |
| **將來**<br>想像一件你正在期盼，在將來會發生的事情，儘量想像所有細節，包括時、地、人，嘗試投入其中的感受，並以你認為最適合的線條，把「將來」繪於方格內： | |

# 第六章 自我認識的實踐

源心繪可應用於不同的範疇，前面提到的自傳，是筆者作比較研究之用，顯示源心繪自我揭露的效用。當讀者學習運用源心繪時，大可不必經過寫自傳的過程。

## 源心繪教案

如前所述，源心繪是一個很適合了解自我與個人成長的媒介。讀者可以先透過學習源心繪序曲，掌握源心繪語言，再就任何想探討的議題或故事，進行探索。

## 一．目標

應用源心繪於自我與個人成長的範疇，透過塗鴉回憶、感受，對問題作深入的思考，反思生命。以下場境為 8 人小組：

**所需時間**： 約 70 分鐘（帶領者可按實際需要，作適當的調整）

**所需材料**： （按每人計算）

**源心繪序曲**： 兩張 A4 紙（供繪畫及分析源心繪序曲之用）
或一張 A4 紙（繪畫源心繪序曲用）及全組八張 A3 紙（供分析源心繪序曲之用）
12-24 種色的油粉彩（或任何繪畫材料）

**源心繪**： A4 紙（繪畫用）
12-24 種色的油粉彩（或任何繪畫材料）

## 二．預備（2 分鐘）

請繪畫者將 A4 紙對摺分作八等份，如下圖：

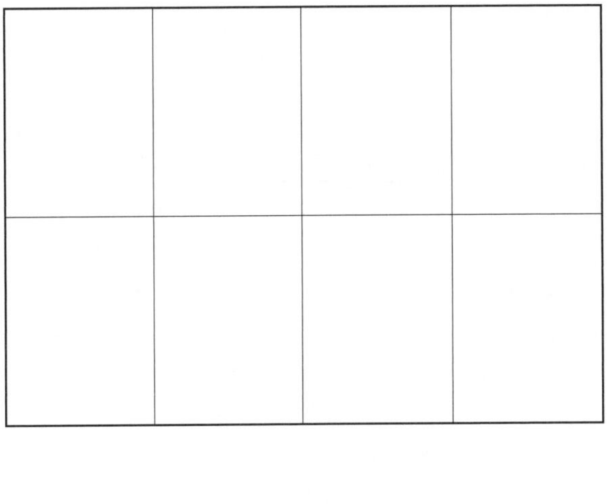

| | | | |
|---|---|---|---|
| | | | |
| | | | |

## 三．簡介源心繪序曲（2 分鐘）

要運用源心繪，先要學習塗鴉的語言規則，就是透過不同的線條元素如：光滑、粗糙、斷續或流暢的線條表達情感。指引如下：

1. 作此練習前不用具備任何繪畫基礎，大可忘記在藝術課堂學到的東西。
2. 不要用任何圖像或符號表達。
3. 回憶要表達的情緒經歷，以畫筆繪出情緒的痕迹。
4. 源心繪序曲中所表達的感受分別是：憤怒、喜樂、寂寞、平安、女性化、強而有力、抑鬱和疾病。如下圖：

**源心繪序曲情緒分布圖**

| | | | |
|---|---|---|---|
| 憤怒 | 喜樂 | 寂寞 | 平安 |
| 女性化 | 強而有力 | 抑鬱 | 疾病 |

## 四．繪畫源心繪序曲（16 分鐘）

### 繪畫憤怒（2 分鐘）

1. 回憶最近一次令你十分憤怒的一件事。

2. 投入當時的情緒，嘗試回憶當時的情景、人物和令你憤怒的各樣細節。

3. 繪畫時，重新投入並經歷當時的情緒。

4. 儘量回憶所有細節，包含了知（知識）、情（情感）、意（意志）。回憶當下的 6W：

   - 何事（What）？
   - 何時（When）？
   - 何地（Where）？
   - 為什麼（Why）？
   - 何人（Who）？
   - 感受如何（How）？

5. 想像再次經歷同一情緒，使情緒發自內心，湧流至手臂、掌心，直達筆桿。

6. 以畫筆繪畫情緒的痕迹。

**繪畫喜樂、寂寞、平安、抑鬱、疾病（各 2 分鐘）**

對每個題目，重複以上所有步驟。

**繪畫女性化（2 分鐘）**

回憶你覺得最女性化的人或事的特徵，以女性化為題，重複以上所有步驟。

**繪畫強而有力（2 分鐘）**

回憶你覺得最強而有力的人或事的特徵，以強而有力為題，重複以上所有步驟。

## 五．分析源心繪序曲（5 分鐘）

完成源心繪序曲後，以不同的感覺為主題，用剪刀將 A4 紙平分、裁成八份。將同一主題（如憤怒）的源心繪序曲聚集在一處，或將同一種感覺的圖片，貼在同一張紙上，在紙的另一面（或寫在另一張 A4 紙上），總結其共通直覺，如下圖。然後，按情況將參與者分為 4 組（或是 8 組），每組討論一兩種感覺，嘗試找出其中的共通點，共同的特徵如線條粗糙、混亂等（可參考附錄二〈圖形結構範例〉）。

## 六．彙報（16 分鐘，每組 2 分鐘）

每一組委派一位參與者，展示該組所負責的源心繪序曲情緒圖例（如下圖）及彙報分析的結果。活動帶領者在每次彙報後，可予以適當的鼓勵。

帶領者可以總結源心繪序曲所見的特徵，就是圖形結構形成的共通直覺，這是與生俱來、直接的感觀反應，無須學習。

### 七・繪畫源心繪（20 分鐘，每題約 2 分 30 秒）

帶領者引導參加者，使用剛才學習的源心繪語言，應用於所選定的問題。帶領者可按自己或參加者的需要，選取本書的題目或自擬題目繪畫源心繪。參與者按源心繪序曲的所有步驟，回答選取的問題。

回答問題時，切勿以割裂的圖形繪畫。參加者可以按當下的感受，決定每個圖形的大小和它在畫面的位置。圖形之間的關係，亦可按當下的感覺而定，可放大、縮小、重複或重疊某些形像。

### 八・分享源心繪（6 分鐘，每人 3 分鐘）

帶領者可邀請其中兩位願意分享的參與者，分享及解釋作品中圖形結構的意義。若有分享者想保留私隱，切勿強迫分享。

### 九・總結源心繪（3 分鐘）

帶領者可總結整個過程中所觀察的現象或感受。

## 活動須知

### 一・源心繪題目

讀者可參照第五章源心繪自畫像、源心繪人際關係故事，或隨意在源心繪應用篇中選擇 8 至 10 道題目，亦可按自己的需要，編寫源心繪的題目。源心繪應用篇有「自我與個人成長」範疇的題目，內容主要集中處理青少年個人層面的議題，了解個人在青少年期面對的挑戰與機遇，及人際關係的相關項目，為反省和過渡至成年階段作好準備，讓青少年對自己加深認識，培養積極面對人生的態度。

## 二．建議延伸活動

1. 帶領者協助參與者，找出具體實行方法，回應源心繪的得着。
2. 帶領者留意參與者的繪畫或分享，與有需要的朋友進行個別面談。

## 三．個別面談提示

1. **舒適環境**：選擇舒適、安全的環境。若是許可，讓參與者選擇自己喜愛、感到最舒服的地點。
2. **信任感覺**：給予參與者一個值得信任的感覺。
3. **單獨面談**：有助參與者自我揭露。
4. **聆聽鼓勵**：以聆聽知己談心事的態度面談，按參與者的情緒需要予以適當的鼓勵。
5. **切勿強迫**：不必強迫參與者分享其想保留的私隱，免致營造緊張及不信任的場面。
6. **進行熱身**：請參與者回答以下問題
   - 是否能夠掌握源心繪的方法？
   - 對源心繪有什麼感覺？
   - 對源心繪有什麼評價？
   - 是否喜歡源心繪？

7. **正題**：請參與者按繪畫的主題，分享圖形結構所表達的意義。筆者的經驗是，參與者通常會漸漸願意分享，對問題的回應愈來愈多，分享更豐富。

# 應用篇

## 自我與個人成長

以源心繪探討自我與個人成長的目標，在於讓青少年對自己有更深入的理解。透過圖像，回答自我與個人成長的範圍中所遇到的問題。

讀者請先按前述有關源心繪序曲的指引，學習源心繪語言，然後從以下不同範圍，選擇期望作深入了解的 10 道題目，進行創作。再將所繪畫的圖形，找一個聽故事的知音人，述説你獨特的自我與個人成長故事，可以加深對自己的認識。

透過圖像，回答下列問題，可以更全面自省及認識自我的強弱；從而為自己定立目標，建立個人價值觀。再將這種反思精神，推廣至自己身處的人際關係中。最後，將其拓展至自己的社區。這種向外延伸的反思精神，有助青少年建立整全的自我形象，及理解個人和社區之間的關係。

為啟發讀者思考，筆者就自我了解及人際關係的兩個範疇，擬定相關的反思問題，臚列如下：

## 自我了解

### 1. 自我概念

- 我的儀表
- 我的性格
- 我的幸福
- 我的興趣
- 我的感受
- 我的寵物
- 最甜蜜的回憶
- 最興奮的回憶
- 最感激的回憶
- 最憤怒的回憶
- 最羨慕的回憶
- 最嫉妒的回憶
- 最快樂的回憶
- 最滿足的回憶
- 最成功的回憶
- 最享受的事
- 我的成長歷程
- 我的現況
- 我名字的意義
- 最難忘的生日
- 最熱愛的運動
- 最純真的一刻
- 最浪漫的一刻
- 最喜歡的外號
- 我久藏的寶貝
- 代表我的顏色
- 我最舒適的地帶
- 世界上最可愛的事
- 我參與的康體活動
- 最理想的自我形象
- 最難忘的旅遊經驗
- 用一個框架形容自己
- 我最喜歡的電視節目
- 我與別人不同的獨特處
- 印象最深刻的正面事件
- 童年最喜歡玩的遊戲
- 我希望帶到荒島的物品
- 我能夠回憶最遙遠的畫面

### 2. 成長挑戰

- 我做過最冒險的事
- 在青春期的性觀念轉變
- 青春期最顯著的生理轉變
- 青春期最顯著的心理轉變

3. 自尊、行為和抱負

- 我的強項
- 我的才能
- 我的可愛之處
- 我最想達成的事
- 我最有眼光的事
- 我最吸引人的地方
- 我最想發展的方向
- 我最喜歡去的地方
- 我最想學習的事物
- 我最具創意的想法
- 我繪畫過最滿意的畫
- 我最難忘的獲獎經驗
- 我最珍惜自己的地方
- 我對個人質素的看法
- 我最希望採訪的人物
- 最可以顯示我想像力的事
- 最可以顯示我品味的地方
- 我最滿意自己外表的部分
- 我喜歡 / 最有成功感的科目
- 我認為一生中最大的榮譽
- 如果生命可以重演，我希望有的突破
- 我希望別人在我的葬禮上如何總結我的一生
- 我認為完美的世界

## 青少年價值觀

1. 個人價值觀

- 對人生的看法
- 對命運的看法
- 我的一項責任
- 我對自殺的看法
- 我對社交的看法
- 我對誠信的看法
- 我最佩服的人物
- 最受尊重的行業
- 我對宗教信仰的看法
- 我對供養父母的看法
- 我對遵守校規的看法
- 最影響我價值觀的人物
- 我個人的人生目標
- 我對遵守遊戲規則的看法
- 內涵最豐富的朋友
- 我對擇業的看法

2. 性與婚姻

- 我的理想伴侶
- 「婚姻是一生一世」
- 我對性觀念的看法
- 我對同居的看法
- 我對生兒育女的看法
- 我對婚外情的看法
- 我對離婚的看法
- 我對婚前性行為的看法
- 我對結婚的看法
- 我對多於一個親密性伴侶的看法

3. 教育 / 學業

- 我對教師社會地位的看法
- 我對優質教育的看法
- 我的教育理想
- 我的學校生活
- 我最喜歡的老師
- 我最專心聽老師講的課
- 我最近向老師發問的問題
- 我對分數的看法
- 我最感興趣的科目
- 我喜歡該科目的原因
- 我喜歡學校的原因
- 我喜歡的學校活動
- 升學和就業的壓力
- 我對畢業前路的看法
- 我成績不理想的科目
- 我成績不理想的原因
- 我協助學校推行的一項活動
- 我改善成績不理想的方法
- 一邊工作，一邊進修的看法
- 我對在中國內地發展事業的看法

**掌握生活技能及應付挑戰**

1. 自我反省

- 我最大的障礙
- 最內疚的回憶
- 我做不來的事
- 拓展自己的人生經驗
- 我有多願意接納別人的評價
- 我最嚴重的缺點是什麼
- 假如因意外而突然離開世界，我最大的遺憾是

2. 訂立目標

· 我如何管理時間
· 一個我訂立的目標
· 我善用假期做的事
· 按編排處理事情的先後次序

3. 生活技能

· 自學的重要性
· 我的養生之道
· 我的處事態度
· 我解決問題的方法
· 我作出決定的方法
· 做事精明的重要性
· 我最近完成的工作
· 我尋找幫助的方法
· 我對自我能力的評價
· 閱讀報章雜誌的習慣
· 我認真地完成的任務
· 我能夠運用方法學習
· 我最樂觀的一次經歷
· 我最堅毅的一次經歷
· 我最有勇氣的一次經歷
· 「終身學習」的重要性
· 為退休之後的經濟打算
· 我一個良好的生活習慣
· 我最願意承擔的一次經歷
· 我個人作息時間表的特色
· 我能從不同的角度去分析事情
· 「健康生活」的必要元素
· 我花費最大工夫學習的事情

4. 應付逆境

· 童年陰影
· 困擾的問題
· 最痛苦的回憶
· 最哀傷的回憶
· 最失敗的回憶
· 最焦慮的回憶
· 最羞愧的回憶
· 我能尋求的解決辦法是
· 商量問題的對象
· 我最孤單的時刻
· 我被誤會的經驗
· 我最消極的一刻
· 我最堅忍的一刻
· 我最想放棄的一刻
· 我最難應付的責任
· 我面對逆境的態度
· 我處理逆境的方法
· 我最害怕的小動物
· 世界上最糟糕的事
· 我最不愉快的經驗
· 我遭遇過最大的困境
· 我對困難事件的感受
· 我心靈最脆弱的一刻
· 我遺失最重要的物件
· 我最奇特的迷路經驗
· 我處理負面情緒的方法
· 印象最深刻的負面事件
· 最難向人說「不」的一次
· 我最不能控制情緒的一刻

5. 自我實現

- 我的志願
- 我的人生夢想
- 我的事業野心
- 我對未來的展望
- 我對職業的期望
- 我對創業的看法
- 過去、現在、將來
- 我退休後想做的事
- 我最特別的工作經歷
- 我期望職業的工作性質 / 要求
- 我的能力和興趣的關係
- 我達成志願的各項準備
- 生命結束前想做的事情
- 我希望告訴後人的墓誌銘
- 我最感興趣 / 最有成功感的學校活動

## 人際關係

1. 處身的人際關係

- 我的人緣
- 美滿的家庭
- 一個我信任的人
- 一個信任我的人
- 對建立家庭的看法
- 我選擇朋友的原則
- 我最近向人表達的感受 / 意見
- 我最近聆聽別人的感受
- 我最希望改善的人際關係
- 我最近主動與人合作的事
- 我對上網結交朋友的看法
- 有困難時朋友最幫到我嗎？

2. 理解不同關係身分的角色

*家庭*

- 我參與的家務
- 家中管教子女的方式
- 我家庭的特色
- 和我最親近的家人
- 我做過最孝順的事情
- 長久困擾我家庭的問題
- 我在親屬關係中的角色
- 我和家人一起做的活動
- 我家庭生活方式的最大優點
- 兩代之間的隔膜
- 從父母身上，你遺傳了什麼特質？
- 哪些個人特質使你跟父母截然不同？

*朋輩影響*

- 朋友對我最大的影響
- 我對朋友最大的影響
- 我遇到感情問題時傾訴的對象

## 3. 關係的轉變

*朋輩互動*

- 我朋友的喜好
- 我朋友的興趣
- 我朋友的缺點
- 我結識朋友的祕訣
- 我最難忘的離別經驗
- 我最欣賞朋友的優點
- 我是個怎樣的朋友
- 朋友間我常扮演的角色
- 我和朋友快樂相處的因素
- 我和朋友合作完成的活動

*被接納的需要*

- 被寵愛的感覺
- 我最介意別人的評價
- 我最受不了別人的事
- 我最討厭的人的特質
- 我接受不同意見的經歷
- 我最怕遇見什麼個性的人
- 我最難忘的受安慰經驗

## 4. 建立關係

*反思衝突*

- 親子衝突
- 我的壓力來源
- 朋友間的不良影響
- 我處理爭吵的方法
- 我處理壓力的方法
- 我承認錯誤的經歷
- 我包容別人的經歷
- 我和朋友爭吵的原因
- 我和朋友爭吵時的感受
- 我曾經饒恕別人的過犯
- 個人發展與家人要求的衝突
- 我處理朋友間不良影響的方法

*建立和維繫關係的技巧*

- 我做過最感人的事
- 我用心參與的人際活動
- 我如何和朋友維繫友誼
- 我曾預備最特別的禮物
- 我和別人合作完成的任務
- 我最近向別人表達關心的事

## 參與社區事務

1. 社會和諧與個人自由之間的權衡問題

- 「貧」與「富」
- 我對自由的看法
- 我對廉潔的看法
- 我對貪污的看法
- 對「守法」的觀念
- 我希望得到的自由
- 法庭審訊的公正性
- 我對新聞自由的看法
- 我對行動自由的看法
- 我對香港治安的看法
- 對保護知識產權的意識
- 我對不合理法例的看法
- 最公平的一次經歷
- 最不公平的一次經歷

2. 歸屬感、身分認同

- 我對國際時事的看法
- 我對香港發展的看法
- 我對一國兩制的看法
- 我對立法會議員的看法
- 我對作為中國人的看法
- 我對作為香港人的看法
- 我對未來中國發展的看法
- 如果可以選擇，我希望成為哪一國的人民？
- 我喜歡自己的民族嗎？
- 我最熟悉的其他國家生活文化
- 我最不喜歡的其他國家生活文化

3. 義務工作

- 我的義務工作
- 我曾經幫助有困難的人
- 我對做義工的看法
- 我對慈善的看法
- 我最慷慨行善的經驗
- 我參與社會事務的機會

4. 傳媒的影響力

- 我對新聞自由的看法
- 我對電視報道新聞的看法
- 我對報紙報道新聞的看法
- 傳媒的好處
- 傳媒有待改善之處

5. 與香港青少年相關的社會趨勢

*社區參與*

- 香港的前途
- 我對平等的看法
- 我對政治的看法
- 我對民主的看法
- 我對投票的看法
- 我對廉潔公平的看法
- 我對社會穩定的看法
- 我對政治人物的看法
- 我對醫療服務的看法
- 我對社會政策的看法
- 我對政治團體的看法
- 我對社會秩序的看法
- 我對香港經濟前景的看法
- 我對社會整體利益的看法
- 我對保護環境的看法
- 我對環境污染的看法
- 我對移民外國的看法

*社會現象*

- 我對吸煙的看法
- 我對飲酒的看法
- 我對毒品的看法
- 我對生育的看法
- 我對儲蓄的看法
- 我對墮胎的看法
- 我對同性戀的看法
- 我對置業安居的看法
- 我對濫用藥物的看法
- 我對色情物品的看法
- 我對「先使未來錢」的看法

## 實踐練習

讀者可按個人喜好，在前頁「自我與個人成長」的題目中抽取8至10道，再以源心繪回應所選的題目，繪畫你第一幅自訂題目的源心繪。

# 附錄

# 附錄一
# 設計原理及視覺元素

為免部分讀者因未能完全理解基本的藝術詞彙，對源心繪感到疑惑，現將部分設計原理及視覺元素的詞彙臚列如下，以作參考：

## 設計原理（The Principles of Design）

**【和諧 harmony】**

將類似事物配合，使整體協調，產生融和的效果。

**【對比 contrast】**

是將質或量反差很大的事物配列，產生差異的現象，使主體更加鮮明。如：曲直、長短、大小、粗幼、高低、強弱、縱橫、黑白、明暗的對比。

**【平衡 balance】**

根據圖像的造型、大小、輕重、色彩、質感和明暗的分布，在相互調節中形成不偏不倚的狀態，達至視覺上的平衡，產生美感。

【比例 proportion】

部分與部分，或部分與全體的關係。比例是編排構成設計的重要因素。

【強調 emphasis】

畫面視覺上的重心，圖像輪廓的變化、圖形的聚散、色彩或明暗的分布，都會影響觀賞者的視覺中心。

【韻律 rhythm】

由具規律變化的形象處理排列，產生音樂的旋律感，形成韻律效果。以造型、色彩、質感及光線等要素，組織規律，在視覺上產生的節奏感覺。

【統一 unity】

在美學原理中居首位。從事藝術創作時，運用不同的視覺元素和設計原理，達到統一的法則。

## 視覺元素（Visual Elements）

【點 point】

是一切視覺元素中最基本的，呈現各種不同的形狀與表現形式。

【線條 line】

是繪畫常見的表現手法，由點的連續運動所形成。不同形式的線條予人不同的感覺：

**水平線**　給人平靜、恬靜、安寧、舒暢和延伸的感覺。

**垂直線**　給人莊重、嚴格、嚴肅、深遠、前進和上升的感覺。

**斜線**　給人不尋常、驚險、傾倒與運動的力量感。

**曲線**　給人自由、活潑、溫柔、飄逸、流動與愉快的運動感。

【筆觸 strokes】

線條在紙上的痕迹。

【形狀 shape】

形狀是平面的，以簡單的連續線包圍，創造輪廓。線條可以在平面上構成距離、深度等空間錯覺。形狀可分為幾何形或自然形、實形與虛形等，如齒輪是幾何形、葉形是自然形。

【質感 / 肌理 texture】

藝術作品中物體表面的特質，可用視覺或觸覺感受到。如絲綢、玻璃、水、金屬的輕重、軟硬、粗糙、光滑等不同的物質特徵，予人真實的感覺。

【空間 space】

指物件之間，環繞物件與物件四周，或物件的內部間隔、距離或區域的意思。

【色相 hue】

是顏色的名稱，例如紅、黃、藍等。

【明度 / 亮度 value luminance】

是顏色的明暗度。

【彩度 / 飽和度 chroma saturation】

指顏色的純度或飽和度。如顏色不含白或黑的成分，便是「純色」，彩度最高；如含有愈多白或黑的成分，彩度隨之下降。

【色彩 color】

色彩的基本成分是由色相、明度及彩度組成。

## 色彩（Color）

以下是色彩的基本知識：

**【基本色 basic color】**

一個色環通常包括十二種明顯不同的基本顏色。

**【三原色 primary color】**

三原色是能夠按照數量規定合成其他任何顏色的基本色，即紅、黃、藍。

**【近似色 / 鄰色 analogous color】**

近似色 / 鄰色是色環中的近似色，產生和諧的色彩。

**【對比色 / 對補色 complementary color】**

對比色 / 對補色是色環中對角的顏色，兩者形成強烈的對比。

**【暖色調 warm color scheme】**

暖色調傾向視覺感受的暖調，主要由紅色調組成，如紅色、橙色和黃色；予人溫暖和有活力的感覺，向觀賞者的方向移動。

**【冷色調 cool color scheme】**

傾向視覺感受的冷調，主要由藍色調組成，如藍色、青色和綠色；予人冰冷、冷靜的感覺，向遠離觀賞者的方向移動。

# 附錄二
# 圖形結構範例

為令讀者在運用源心繪時更有信心，現將圖形結構範例展示如下（圖形結構是線條形成的圖像和其整體的布局）：

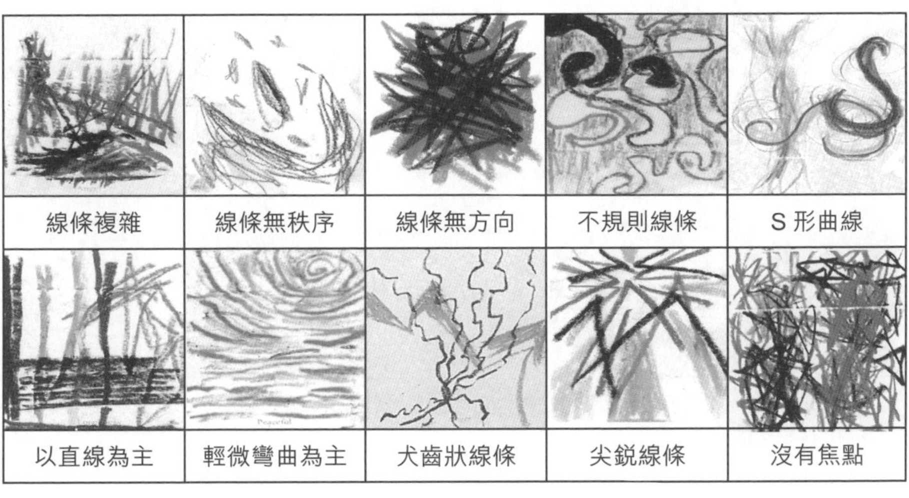

大部分觀賞者，在觀察以上的圖形後，都會對圖形產生相似的感覺，稱之為共通直覺。

# 參考書目


Arnheim, R.(1997). *Art and Visual Perception: A Psychology of the Creative Eye.* London: University of California Press.

Arnheim, R.(1971). *Entropy and Art: An Essay on Disorder and Order.* London: University of California Press.

Arnheim, R.(1943). Gestalt and art. *The Journal of Aesthetics and Art Criticism,* 2(7), 71-75.

Arnheim, R.(1969/1974). *Visual Thinking.* London: University of California Press.

Bem, S. L.(1974). The measurement of psychological androgyny. *Journal of Consulting and Clinical Psychology,* 42,155-162.

Bloomer, C. M.(1990). *Principles of Visual Perception.* London: The Herbert Press.

Daniel P. Goleman(2005). *Emotional Intelligence*(10 Anv edition). U.S: Bantam Books.

David, D. S., & Brannon, R.(1977). *The Forty-nine Percent Majority: The Male Sex Role.* Reading, MA: Addison-Wesley Publishing Co.

Dewey, J.(1958). *Art As Experience.* New York: Capricorn Books.

Dryden, D.(2004). Memory, imagination, and the cognitive value of the arts. *Consciousness and Cognition,* 13(2). 254-267.

Edwards, B. (1979/2001). *The New Drawing on the Right Side of the Brain.* London: HarperCollins.

Eliot, T. S.(1957). *On Poets and Poetry.* New York: Farrar, Straus and Cudahy.

Epstein, R.(2004). Consciousness, art, and the brain: Lessons from Marcel Proust. *Consciousness and Cognition,* 13 (2), 213-243.

Feldman, E. B.(1972). *Varieties of Visual Experience.* New York: Abrams.

Florie, Siu Wah Tse(2005). *The Role of Non-Mimetic Drawing in Self Exploration.* Hong Kong: The Chinese University of Hong Kong. (unpublished manuscript).

Janek, D.(1990). Art versus language. In Caroline, C. & Dalley, T. (Eds), *Working with Children in Art Therapy*(pp. 7-22). London: Tavistock/Routledge.

Langer, S. K.(1953/1959). *Feeling and Form: A Theory of Art Developed from Philosophy in a New Key.* London: Routledge & Kegan Paul Limited.

Langer, S. K.(1967/1970). *Mind: An Essay on Human Feeling. Volume 1.* Baltimore: The Johns Hopkins University Press.

Langer, S. K.(1962). *Philosophical Sketches.* Baltimore: Johns Hopkins University Press.

Langer, S. K.(1942/1957a). *Philosophy in a New Key: A Study in the Symbolism of Symbolism, Reason, Rite, and Art* (3rd ed.). Cambridge: Harvard University Press.

Langer, S. K.(1957b). *Problems of Art - Ten Philosophical Lectures.* London: Routledge & Kegan Paul Limited.

Mandler, J. M.(1992). How to build a baby: II. Conceptual primitives. *Psychological Review,* 99(4), 587-604.

Mandler, J. M.(1998). Representation. In D. Kuhn, & R. S. Siegler, etc. (Eds.), *Handbook of Child Psychology: Vol. 2. Cognition, Perception, and Language* (5th ed.) (pp. 255-308). New York: John Wiley.

Matthews, J.(1984). Children drawing: Are young children really scribbling? *Early Child Development and Care,* 18, 1-39.

McClelland, J. L.(1995). Constructive memory and memory distortions: A parallel-distributed processing approach. In D. L. Schacter, J. T. Coyle, G. D. Fischbach, M.-M. Mesulam, & L. E. Sullivan (Eds.). *Memory Distortion: How Minds, Brains, and Societies Reconstruct the Past* (pp.69-90). Cambridge: Harvard University Press.

Orwell, G.(1949). *Nineteen Eighty-Four.* New York: Penguin Books.

Orwell, G.(1968). *Politics and the English Language.* London: Secker & Warburg.

Whitford, F.(1987). *Understanding Abstract Art.* London: Barrie & Jenkins.

Creativity Zen Espresson(創意心法).〔Online〕Available http://pro-velop.blogspot.com/2005/10/blog-post_19.html, August 2, 2008.

Gestalt Principles of Visual Perception and Organization.〔Online〕Available http://www.edifolini.com/neolibro/uk/threads.html#top, August 16, 2004.

Grenfell, J. Arts Education: Teaching the Visual Arts.〔Online〕Available http://www.deakin.edu.au/education/visarts/aesthetic%20images%20in%20cb.pdf, July 8, 2004.

Health Care Industry.〔Online〕Available http://findarticles.com/p/articles/mi_g2699/is_0000/ai_2699000017, September 22, 2008.

Hong Kong Federation of Youth Groups-Youth Studies.〔Online〕Available http://www.hkfyg.org.hk/new/, August 1, 2007.

Joanne Scaglione and Suzanne Stitz. Living The Secret Everyday: My Secret Workbook.〔Online〕Available http://www.livingthesecreteveryday.com/Happiness.html, September 28, 2008.

The Johari Window: Creating Better Understanding Between Individuals and Groups.〔Online〕Available http://www.mindtools.com/CommSkll/JohariWindow.htm, August 1, 2007.

Mission In Asia: Telling The Story Of Jesus.〔Online〕Available http://www.ucanews.com/2006/10/19/mission-in-asia-telling-the-story-of-jesus/, August 9, 2008.

The Powder Factory Studio.〔Online〕Available http://home.fuse.net/pfnews/febnews/, April 1, 2005.

The Storyteller: An Examination of Self-Consciousness and The Role of Language.〔Online〕Available http://serendip.brynmawr.edu/exchange/node/513, August 9, 2008.

The Quotations Page.〔Online〕Available http://www.quotationspage.com/, August 28, 2008.

王淑俐著（1986），《台北市縣國中階段青少年的情緒特質》。台北：國立台灣師範大學教育研究所碩士論文。

包約翰著、崔菱譯（1984），《為什麼我不敢告訴你我是誰？》。香港：道聲出版社。

白先勇著（1978），《寂寞的十七歲》。台北：遠景出版社。

李澤厚著（1989），《美學四講》。香港：三聯書店。

區祥江著（2008），《生命軌迹——13 個助人自助的成長關鍵》（增訂版）。香港：突破出版社。

黃惠惠著（1997），《助人歷程與技巧》（增訂版）。台北：張老師文化事業。

赫伯特．里德著、呂廷和譯（2007），《透過藝術的教育》。台北：藝術家出版社。

蕭宏展著（2000），《躍出深淵——抑鬱症的成因與治療》。香港：突破出版社。

方順和：〈喜樂的心乃是良藥〉（互聯網資料）http://www.mokpec.org/sharing/article119.html, September 25, 2008.

〈色彩運用〉（互聯網資料）http://www.yangger.com/utf-8design/content/view/107/201.html, August 6, 2008.

〈何謂藝術治療？〉（互聯網資料）http://www.cgmh.com.tw/intr/intr2/c3360/E_OT(art).htm, August 3, 2008.

〈格式塔的來由和概念解說〉（互聯網資料）http://www.lmgestalt.com/aboutus.htm, August 28, 2008.

〈格式塔理論 Gestalt Theory〉（互聯網資料）http://tds.ic.polyu.edu.hk/vc/t2_visual_perception/gestalt_theory.htm, August 28, 2008.

〈第三性徵〉（互聯網資料）http://www.zgxl.net/sexlore/snsn/dsxz.htm, October 1, 2008.

〈淺談藝術治療在兒童輔導的應用〉（互聯網資料）http://www.aerc.nhcue.edu.tw/paper/%A4%FD-%C3%C0%B3N%AAv%C0%F8.htm, August 3, 2008.

〈廣告設計用色彩系列教程專業應用篇〉（互聯網資料）http://www.hkprinters.org/news/news.asp?sub_id=110, August 6, 2008.

〈衞生署學生健康服務：青少年心理健康〉（互聯網資料）http://www.studenthealth.gov.hk/tc_chi/health/health_ph/health_ph_young.html, August 9, 2008.

〈簡音樂減壓力〉（互聯網資料）http://www.mingpaotor.com/htm/News/20070902/wga1.htm, August 2, 2008.

# 特別鳴謝

家父

謝樂恆先生題字

撰寫序文及推介文的

李榮安教授MH

馬桂綿博士

曾柱昭先生

傅浩堅教授JP

歐陽英昌校長

謝凌潔貞女士JP

在細閱初稿時

予以批判性意見

使著作得以改良的

黃蘊智教授、蔡耀明先生、莫遠君先生

及

審核稿件時

予以專業意見

使著作得以面世的

馬鎮梅總編輯、伍詠慈編輯

一對寶貝小萬花筒、積奇

三位特約嘉賓：花筒、普路士及基拉艾瑪

和二十位願意將成長經歷與讀者分享的體藝舊生

將其自傳及源心繪個案向讀者分享

（排名不分先後）

# 作者簡介

## 董謝小華

行政長官卓越教學獎教師協會及賽馬會體藝中學合辦多元藝術教師培訓系列策劃人（2008）

課程發展議會 —— 香港考試及評核局視覺藝術科委員會（高中）委員（2008）

香港考試及評核局中六視覺藝術科科目委員會副主席（2007-2008）

行政長官卓越教學獎教師協會會員及藝術教育學習領域代表（2007-2008）

香港教育學院教學顧問（2007）

行政長官卓越教學獎（藝術教育學習領域）（2006-2007）

香港中文大學教育學院碩士教育學院院長榮譽錄（2004-2005）

敬師運動委員會敬師日（表揚教師計劃）優秀教師（2002）

香港中文大學文學院學士（藝術系畢業，副修中國語言及文學）及教育學院文憑（主修藝術）

賽馬會體藝中學視覺藝術科科主任及教師發展委員會統籌，從事教學 17 年。

曾為賽馬會體藝中學出版壁畫畫冊「油落牆」及「矯牆腳」。「矯牆腳」計劃登載於 2006 年 11 月 17 日《經濟日報》（校園版）〈天橋下的藝術課〉。

曾替屯門醫院、赤鱲角機場富豪酒店、香港耆康老人福利會羣芳念慈護理安老院義務進行壁畫創作。

## 源心繪工作坊

筆者在獲行政長官卓越教學獎之後，曾應邀在不同場合，以「源心繪工作坊：如何以塗鴉提升自我表達？」為題介紹「源心繪」。

1. 教師電視錄像講室
2. 行政長官卓越教學獎教師協會及賽馬會體藝中學合辦多元藝術教師培訓系列（2008-2009）
3. 行政長官卓越教學獎教師協會 2009 講座系列（1）
4. 賽馬會體藝中學親子視藝課堂（2009）
5. 賽馬會體藝中學源心繪親子工作坊（2008）
6. 香港教師中心主辦「課程發展與教學實踐」教育會議（2008）
7. 優質教育基金教師專業交流月（2008）
8. 香港教育學院教學顧問委任典禮（2007）
9. 大埔區中學聯校教師發展日（2007）
10. 行政長官卓越教學獎教學匯萃（2006-2007）